ACTES SUD - PAPIERS
Fondateur : Christian Dupeyron
Editorial : Claire David

Cette collection est éditée avec le soutien de la **SACD**

*Société des Auteurs
et Compositeurs Dramatiques*

Illustration de couverture : dessins d'Olivier Py, 2000

ISSN 0298-0592                    ISBN 2-7427-2751-5

# L'Apocalypse
# JOYEUSE

Olivier Py

# QUAND LA MORT, AVEC SES COULEURS JOYEUSES...

Tout homme qui jouit d'un récit avoue qu'il n'a pas perdu foi en la Providence.

C'est par un simulacre qu'il retrouve la saveur de son destin. Les péripéties du drame, s'il peut en jouir, c'est qu'il y a en lui assez de force pour prendre ce qui vient comme l'accomplissement d'un projet divin, boire tout ce qui vient, et la douleur aussi, d'une même soif.

Croire en la Providence, c'est absurde, oui, c'est la foi des pauvres. Des pauvres que nous sommes dans un monde qui fait de son abjection une gloire, de son désenchantement une culture et de son matérialisme une précieuse sagesse.

L'épopée est populaire par cette vertu, ce tour de passe-passe, l'épopée est l'alliée des cœurs simples qui ne peuvent pas considérer leur trajectoire comme un labyrinthe de sentes vaines. L'homme simple retrouve en lui l'éclat de cette foi, ses résistances s'endorment au creux de la vague épique, il goûte encore à cette confiance d'enfant, cette innocence rompue, il murmure "il fallait qu'il en soit ainsi".

Le miracle du récit, d'un récit trop long et trop tumultueux pour ne pas drainer un peu de sagesse, le miracle du récit est l'affirmation en nous de cette joie. "Il fallait qu'il en soit ainsi", on le murmure, irrépressible, et l'on accède à une vérité plus haute par l'échelle des péripéties théâtrales.

C'est au théâtre que l'homme de bonne volonté apprend à fredonner "il fallait qu'il en soit ainsi". Il arrive aussi que vienne à ses lèvres ce vin étrange de l'amour universel ; "comme moi" vient sur ses lèvres, "comme moi" murmure son âme. Plus peuplé que jamais, il goûte au vertige de se voir infini dans un corps fini.

Et qui a connu cela ne sera pas oublié au Jugement dernier.

Quoi sinon le théâtre, aujourd'hui, pourrait nous porter vers cette grâce, quoi dans ce temps de misère sinon le théâtre pourrait nous rendre ce sursaut de l'âme ?

Quoi sinon le théâtre pour vivre l'expérience de la foi en un "tout est bien" qui est, sinon Dieu, le plus fier des anges.

Oserions-nous monter sur nos planches et brosser nos vieux masques et entonner nos ouvertures sans cette croyance irréductible ? Et l'acteur a-t-il d'autre projet politique que de montrer les hommes accédant à leur formulation ?

Et l'acteur a-t-il d'autres devoirs que de faire pressentir aux hommes leurs deltas ?

Le siècle où je suis né a raillé la Providence, le poids des douleurs inimaginables a brisé son arc. Mais elle est là, dans l'ombre, l'âme simple, l'âme du monde, elle est là, timide et insolente, une goutte de sens sur une pierre brûlante. Que revienne ce parfum de la Providence endormi dans les drapeaux fanés du siècle !

Il a été dit que l'on ne pourrait plus raconter l'histoire des hommes, que le Mal révélé avait découragé à jamais les sources de la légende. Le sang des suppliciés a-t-il absolument entaché cette vertu qu'a la sagesse d'avancer masquée parmi les allégories du drame ?

Cette vertu qu'a la sagesse de se faire reconnaître sans rien imposer que sa musique ?

Cette vertu qu'a la sagesse de se donner non comme une démonstration mais à la manière d'un parfum, indicible, mourant, Idéal.

Mes camarades et moi, nous avons toujours senti qu'au nom de notre génération il faudrait encore accepter d'"aimer la nuit autant que le jour", c'est-à-dire s'enivrer de mots et de personnages. Apprendre par le théâtre à se repaître de la douleur humaine, faire courageusement notre miel de cendres. Cela impliquait de croire encore, au récit, à la poésie lyrique, au héros, à la puissance de la formule.

Et si l'histoire est longue, trop longue, et brutale aussi, trop brutale et si elle charrie dans son lit toute une caillasse d'imprécations, c'est parce qu'elle singe le cosmos et non pas la misère de nos anecdotes séculières. Car l'homme moderne a pour malédiction de croire qu'il ne vit rien qui soit digne d'être conté. L'homme moderne est celui par qui aucun scandale n'arrive.

Le XXe siècle a découragé l'homme, qui ne le voit ? L'homme est découragé de sa vertu la plus simple : la parole. Mais nous, nous voulons avec une ferveur surannée des personnages plus ardents que nous ne le sommes, des cœurs vivant plus haut l'aventure du dire.

Il y a une violence politique particulière à la scène de notre siècle : montrer l'homme dans le renoncement. Montrer l'homme dans le dédain de sa parole, avec ses devenirs effrités, son éloquence morte, ses espoirs vains, et une absence totale de foi en son destin.

Nous voulons des insurgés de la parole, nous voulons des hommes simples et purs qui croient pouvoir changer le monde en disant l'invisible qui anime leurs cœurs.

Nous voulons des faunes, nous voulons des frères.

*L'Apocalypse joyeuse* renvoie dos à dos toutes les tentatives d'établir le projet humain sur la raison. La pièce hurle que tous les pouvoirs se ressemblent, et qu'il faut sourire dans l'horreur. L'horreur c'est ce que nous connaissons, nous pataugeons dans une boue pleine de cadavres sans odeur, nous pataugeons dans un désespoir logique, une démence rodée. Le monde est à l'envers, seul celui qui marche sur la tête le remet à l'endroit. C'est le signe de ralliement d'un héros nouveau.

Une folie, oui, être au monde avec un sourire sur les lèvres. Une folie, oui, croire que tout n'est pas mort, quand la mort, partout, avec ses couleurs joyeuses, maquille les visages de l'Espérance.

OLIVIER PY,
*mai 2000.*

*à Lazare*

*La Foi que j'aime le mieux dit Dieu, c'est l'Espérance.*

CHARLES PÉGUY,
*Le Porche du mystère de la deuxième vertu.*

# L'APOCALYPSE JOYEUSE
### d'Olivier Py
a été créée le 15 juin 2000
au Centre dramatique national/Orléans-Loiret-Centre

| | |
|---:|:---|
| Mise en scène : | Olivier Py |
| Musique : | Stéphane Leach |
| Décor et costumes : | Pierre-André Weitz |
| Assistant à la mise en scène : | Wissam Arbache |
| Assistante aux costumes : | Isabelle Gontard |
| Régisseurs généraux : | Bertrand Killy et Florent Gallier |
| Régisseurs plateau : | Pierre-Yves Le Borgne et Bruno Austin |
| Assistant à la lumière : | Judicaël Montrobert |

## Distribution

| | |
|---:|:---|
| Michel Fau : | Horn |
| Marcial Di Fonzo Bo : | Orion |
| Yann-Joël Collin : | Acamas |
| Elizabeth Mazev : | Sourcevaine |
| Céline Chéenne : | Espérance |
| Eléonore Briganti : | Epitaphe |
| Sylviane Duparc : | Circé |
| Claude Degliame : | Le capitaine, la tragédienne |
| Philippe Girard : | Le père, le pèlerin, un porc, un Cimérien |
| Samuel Churin : | Le commandant, Loyal, un porc, un Cimérien |
| Benjamin Ritter : | L'éditeur Cobalt, l'aveugle imprécateur, un porc, un Cimérien |
| Vincent Ozanon : | Jason, un porc, un Cimérien |
| Sylvie Magand : | un Cimérien, un porc |

## Musiciens

| | |
|---:|:---|
| Sylvie Magand : | accordéon |
| Stéphane Leach : | piano |
| Céline Chéenne : | flûte traversière |
| Benjamin Ritter : | clarinette |
| Vincent Ozanon : | saxophone |
| Samuel Churin : | baryton |
| Pierre-André Weitz : | cuivres |

Coproduction : CDN/Orléans-Loiret-Centre, Théâtre des Amandiers – Nanterre, La Ferme du Buisson – Marne-la-Vallée avec le soutien de la Fondation BNP-PARIBAS et de Bonlieu – Scène nationale d'Annecy.

## PERSONNAGES

Horn
Orion
Acamas
Sourcevaine
Espérance
Epitaphe
Circé
Le capitaine
La tragédienne
Le père
Le pèlerin
Le commandant
Loyal
L'éditeur Cobalt
L'aveugle imprécateur
Jason
Les Porcs
Les Cimériens

# I. LE POISSON D'OR

## 1.

un bassin dans lequel se reflète le ciel

ORION *(au-dessus du bassin)*. Ces questions qu'ils jettent devant eux et qui troublent la surface bleue, ricochets inutiles !

Je n'ai pas de pierre dans les mains, ni pour construire un temple, ni pour lapider les paresseux, ni pour indiquer le chemin. A ces mains, rien ne s'accroche, ni livres ni vertus, quoi ? L'odeur de menthe ? Le joyeux vert !

Eternelle est l'odeur de la menthe sur les mains du bon à rien.

Regarde, ciel ! Ces mains n'ont pas d'autre ambition que de caresser la surface des choses. Le siècle dernier, celui des drapeaux, des marteaux, des épées, le siècle dernier a fatigué les mains de l'humanité, je suis le repos de ma race, elles sont vertes, elles le resteront. Je suis le génie sans œuvre.

Oh ! non, pas même la lampe sous la fenêtre, je ne toucherai à rien, pas même porter une lampe sous la fenêtre ; je ne cherche rien, j'attends ! Tout viendra à moi parce qu'il y a de la place, là !

J'aime la nuit autant que le jour.

Et cette présomption parfois, dans l'ombre verte, cette présomption que tout viendra à moi, les fauves avec leurs épines dans la patte, et les chimères pour être résolues, et les sphinx pour être recouverts de la dernière feuille d'or ! Et peu m'importe de ne jamais déchiffrer vraiment les mots éternels gravés dans les tablettes séculaires.

Cette odeur verte, d'autres la renifleront après moi, cette odeur est éternelle, c'est donc l'odeur de l'éternité.

## les désirs d'un garçon

*Un promontoire.*

ESPÉRANCE. J'aime marcher pieds nus !

ACAMAS. Tes deux chaussures rouges dans mes mains, à quoi les comparer ?

ESPÉRANCE. Celle-ci est la plaie de mon cœur, celle-là la plaie du tien.

ACAMAS. Les deux font la paire.

ESPÉRANCE. J'aime marcher pieds nus !

ACAMAS. Tu ne vois pas les morceaux de verre qui brillent sur le chemin. C'est ici qu'on vient briser une bouteille avant de s'embarquer, méfie-toi, le chemin du promontoire est pavé de ces espoirs brisés, jeunesse virile, promesses héroïques, ceci est votre reliquaire.

ESPÉRANCE. Alors je n'avance plus. Je suis immobile. Je suis la prisonnière.

ACAMAS. Oui. Tous les garçons sont venus là pour te tendre un piège, il ne faut pas que tu te blesses aux éclats de leurs prémonitions. C'est très banal, les désirs d'un garçon. Qui préfères-tu, moi ou mon frère ?

ESPÉRANCE. Ton frère est le plus beau.

ACAMAS. Oui, c'est vrai. J'aime aussi sa beauté. C'est parce qu'il ne se connaît pas.

ESPÉRANCE. Il est beau, oui. Je pense à lui souvent, je voudrais qu'il me fasse mal.

ACAMAS. Et moi ?

ESPÉRANCE. Toi, tu n'es pas de ce monde.

ACAMAS. C'est lui que tu désires et c'est moi que tu aimes !

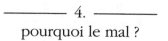

## —— 3. ——
## nul besoin de miséricorde

*Le bassin.*

ORION. La colère des galaxies roule son sourcil vengeur ! Tu dois ! Tu dois !

Des prêtres indolents reprisent chaque jour la vieille robe des vocations, on chante la gloire d'un dieu aveugle et sourd, d'un dieu qui probablement s'est crevé les yeux, d'un dieu qui voudrait mourir en paix dans les bras d'une jeune fille.

Mais non, ils viennent frapper à sa porte, tourmenter son exil et finalement dans ses pauvres mains écœurées d'erreurs et de fausses promesses, l'étendard impérissable d'une miséricorde fanée !

Mais l'appel hurlant des questions inutiles me laisse de glace. Je ne sauve pas l'humanité, je ne réécris pas la loi, je pisse joyeusement dans le jardin !

Oui ! Pissons sur les trésors, pissons sur les grandeurs ! Pissons sur l'arrogance, le progrès et l'espoir, soyons un jet d'or !

Nous sommes accomplis, nul besoin de miséricorde ! Pissons dans les saints foins !


## —— 4. ——
## pourquoi le mal ?

*Ailleurs.*

HORN. La seule différence entre vous et moi, c'est que moi je ne me perds pas en vaines questions : "Pourquoi le mal ?"

ÉPITAPHE. Vaine, la question ?

HORN. Le mal est l'ombre de la providence, pas d'ombre sans soleil.

ÉPITAPHE. Donc vous croyez en Dieu.

HORN. Si je ne croyais pas en Dieu, où serait le mal ? Vraiment, serais-je autre chose qu'un ver suçant les yeux d'un cadavre ? Rien que de l'innocence ; la vermine, c'est l'innocence même.

ÉPITAPHE. Et Dieu, quelle forme a-t-il pour vous ?

HORN. Un fil qui relie les perles. Et moi je suis le sécateur mondain. Dieu, c'est le destin. Mais quand toutes les perles de vos instants clapotent sur le marbre, désunies et joyeuses, chacune suivant sa course, cela donne envie de mordre, non ?

ÉPITAPHE. Qu'espérez-vous ?

HORN. Rien. Et dans ce manque total d'espérance, il y a une joie rafraîchissante. Le désespoir a la douceur d'un agneau... Mais croire que l'on peut encore agir, quel bûcher !
Savez-vous que ma garde-robe est infinie ?

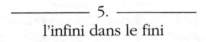

## 5.
### l'infini dans le fini

*Le bassin.*

ORION. Bientôt la nuit. Dans l'eau du bassin, le ciel est bleu cobalt. Ce petit cercle d'eau pressent la ténèbre avant tous les autres lieux. Et ce pauvre poisson clair tourne avec rage. De quoi a-t-il vécu, toutes ces années où nous ne l'avons pas nourri ? Pas même épousseté la nappe au-dessus de son miroir. Sa cage est ronde et c'est le ciel tout entier. Il tourne furieusement dans l'infini du crépuscule, il ne trouve pas l'issue, il se croit dans l'azur. Ciel ! trouve-lui une porte qui le fasse jaillir hors de sa clôture et du même coup hors de l'infini cruellement reflété à la surface calme.
Il frappe à tous les nuages ! Ce jeu d'eau brouille un peu la lune, la mousse verte mange le bleu éternel. Ciel ! tends-lui l'issue !
L'infini dans le fini, et le mystère de l'être est égal à lui-même pour ces quelques pierres qui entourent le bassin et pour l'univers inimaginable. Ce qui est infini, ce n'est pas l'univers, ni le temps, mais, ici, là, la profondeur infinie du mystère de l'être, comme je la vois, ici. Egale en cruauté, elle brille dans les frondaisons de la haie, égale en noblesse, elle est la feuille collée à la gamelle du chien, la profondeur infinie du mystère de l'être, c'est cette balançoire vide aux branches de l'acacia. Pauvre poisson, comme tu tournes ! Tu tournes dans l'éternelle cruauté de l'azur. Chaque chose, comme ce bassin, ne reflète-t-elle pas le ciel ? Qui est là ?

LE PÈRE. Ne t'approche pas. Ce soir encore je me suis sali, j'avais soif, j'ai bu du mercure. Quelques gouttes de mort mercuréenne dans une

coupe fêlée, et voir dans ta pupille d'enfant pur cette grimace de désir, mon visage, ah ! dégoût !
Tu contemplais le ciel mourant dans ce bassin ? Et moi aussi je l'ai souvent contemplé ce ciel mourant, mais dans tes yeux.

ORION. Ne restez pas là, dans l'ombre, une statue, vous me faites vraiment peur.

LE PÈRE. Quand apprendras-tu à me tutoyer ?

ORION. Jamais, je vous crains.

LE PÈRE. Je t'ai servi de père.

ORION. Non, ce n'est pas le père que je crains en vous. C'est l'autre, celui qui m'a frappé un jour avec une chaîne rouillée.

LE PÈRE. Je t'ai frappé chaque fois que je t'aimais démesurément. Chaque fois que l'amour pour toi devenait chair, j'en ai fait souffrir ta chair.

ORION. Et je vivrai, toujours sans comprendre ce mélange de tendresse et de violence que vous aviez pour moi.

LE PÈRE. A vingt ans, j'avais déjà la mélancolie d'un vieillard. L'échec, la vieillesse, la laideur et la solitude ne m'ont jamais autant saigné l'âme que quand j'étais jeune. Qui peut comprendre cela ? J'avais si peur de la vie, je préférais croire que tout destin est descendant, que toute vertu se corrompt et que toute beauté se trouble.
Le pessimisme est l'opium de la jeunesse, il résout tout, il endort la peur.

ORION. Je ne pense pas ainsi.

LE PÈRE. Oh non ! Toi, non.
J'ai passé la moitié de ma vie à bâtir une maison et quelques jours à la détruire. On est bien, là où je suis, en pleine douleur. Naviguer en haute humanité. Tu entends les gouttes de mon sang sur les feuilles sèches ? Quel joli bruit ! L'horloge de ma détresse a un timbre de feuille fanée. Qu'est-ce que je disais ? Ah oui ! J'avais trouvé quelque chose que j'appelais la sagesse. Mais j'ai voulu la perdre.
Cette nuit, des hommes sont venus frapper aux portes des maisons riches, les braves gens ont cru voir un couteau entre leurs dents ! Tu sais ce que c'était ?

ORION. Un sourire.

LE PÈRE. Dis-moi, si j'étais toi, une minute, verrais-je ce poisson comme tu le vois ?

ORION. Oui, le même être, mi-chair mi-transparence, pour vous, pour moi, pour tous, qui tourne en rond dans l'eau terne, et dans l'azur idéal. Le monde n'est pas un ballet d'ombres. Il est indifférent, joyeux. Il est ! Et avec lui, nous sommes, baignés dans des eaux où notre conscience n'a plus pied ! Si vous étiez moi, vous verriez le même poisson, parfaitement.

LE PÈRE. Quoi le prouve ?

ORION. La parole. Sans quoi il n'y aurait pas la parole ! La parole n'est-elle pas la preuve de l'expérience commune, la preuve que le monde est ?

LE PÈRE. Non, des ombres, seulement des ombres, je crois.
Que tu étais beau ce premier jour où je t'ai recueilli. Tu étais beau, et je pensais que cette façon de dire "je veux", simple, sans hésitation, je pensais, comment dire, je pensais que c'était l'enfant, l'orphelin. Mais non, c'était toi. Toi, sans honte aucune, sans minauderie avec ton désir. Qui t'avait donné ça ?
Je viens tous les soirs, tu ne le sais pas, tous les soirs je me cache là et je regarde, je te regarde qui regardes le ciel dans ce bassin. Il me semble que tu connais des secrets. Je regarde tes lèvres qui murmurent, j'entends les quelques mots d'un poème nouveau, que tu ne prendras pas même le temps d'écrire. Je te regarde, tu es ma dernière miséricorde. Et quand je te vois, dans cette oraison du soir, pisser joyeusement et rire, tu es le croisé d'une religion sans croix. Cette présence ! Ah ! cette présence !

*Il tombe et crie.*

ORION. Je sais que je suis heureux, quoi qu'il arrive, je suis heureux. C'est tout ce que je sais. Et cette joie est inatteignable aux injures du siècle ! Il y a l'infini en nous.

LE PÈRE. La preuve qu'il n'y a rien d'infini en nous est que nous ne pouvons pas nous représenter l'infini.

ORION. Beaucoup de choses sont irreprésentables, et pourtant nous les connaissons. Quand tu parles d'infini, et même quand tu parles de terreur, est-ce que je ne vois pas ce que tu veux dire ? Est-ce que je ne vois pas clairement la frontière de ton langage, et lorsque désignant la mer, tu dis "là-bas", n'y a-t-il pas en moi un monde qui se déplie et se colore, un monde d'îles et de gloire ? Nous sommes clos, mais notre songe ne l'est pas.

LE PÈRE. Alors, entre tes lèvres, quand tu murmures, ici le soir, quand tu murmures, il n'y a pas Dieu !

ORION. Qu'il y soit ou qu'il n'y soit pas, quelle importance ? Le monde y est !

LE PÈRE. Le froid est venu. Ce corps n'est plus pour moi qu'une prison.

ORION. Quelle joie d'avoir un corps. Qu'est-ce que j'aurais, dis, si je n'avais pas mon corps ?

LE PÈRE. Promesses et orties !

*Il touche des feuilles.*

ORION. Ça ! C'est de la menthe !

LE PÈRE. Regarde, la menthe m'a mordu la main.
Il fait trop sombre pour distinguer l'une de l'autre.

## ———— 6. ————
## le promontoire aux chaussures rouges

*Toujours sur le promontoire.*

ESPÉRANCE. Rends-moi mes chaussures !

ACAMAS. Non, reste là, immobile sur front de mer, haute terrasse d'appel. Comme on est mélancolique à vingt ans, comme le désir nous étrangle !

ESPÉRANCE. Oh oui !

ACAMAS. Ta gorge est belle quand tu cries. Tu as un corps de paysanne, presque pas de hanches, un corps de garçon de ferme. Tu sais que j'ai claqué la porte cet après-midi, je ne serai pas capitaine, j'ai claqué la porte de l'école, je suis libre.

ESPÉRANCE. Donne-moi mes chaussures. Salaud ! Pourquoi tu as claqué la porte ?

ACAMAS. Elles sentent le cuir neuf. Je ne veux pas appartenir aux armateurs, encore moins aux amiraux, appartenir à la mer me suffit.

ESPÉRANCE. Donne !

ACAMAS. Hum ! La belle odeur humaine.

ESPÉRANCE. C'est idiot ! Tu exiges trop du monde.

ACAMAS. Si je ne le fais pas, qui le fera ? Offrande à la mer, voilà !
*(Il jette les chaussures à la mer.)*
Choisis, rester ma prisonnière ou couper tes pieds à ces tessons.
Tiens regarde, ça brille, c'est tranchant !
*(Il ramasse un tesson de bouteille.)*
Qui es-tu ?

ESPÉRANCE. Je suis la coupe brisée d'un marin disparu !

ACAMAS. Eh oui, voilà ce qu'il reste de l'imprécation qu'il a lancée à
son destin !

ESPÉRANCE. Je me donne à la mer, qu'il a dit !

ACAMAS. Fais de moi ce que tu veux, grande amertume ! Je me donne à
toi !

ESPÉRANCE. Je me donne à toi, donne-moi tes îles et donne-moi tes
tourments, mais il ne sera pas dit que j'aurai eu le destin de tous.

ACAMAS. Ce n'est pas la mer que l'on aime, c'est le désert ! Un désert de
sel et de changement. Ce n'est pas le désert que l'on aime. C'est cette
possibilité, par le désert, de révéler à l'homme ce qui en lui fait l'homme.
Alors, il a brisé sa coupe et voilà ce qu'il reste de sa prière.

ESPÉRANCE. A-t-il vu ce qu'il faut voir ? Il ne reste plus que ce morceau
de verre mélancolique, cristal déchu au grand lustre des illusions prin-
tanières.

ACAMAS. Et le marin, où est-il ? Mort en mer, pire peut-être...

ESPÉRANCE. Désenchanté, ailleurs.

ACAMAS. Il ne faut pas échouer, Espérance, il faut vaincre !

ESPÉRANCE. Tu sais pourquoi tu me retiens dans ce palais de verre ?

ACAMAS. Pourquoi ?

ESPÉRANCE. Parce que tu as peur de moi.

ACAMAS. Oui, j'ai peur de toi ! J'ai peur de toi parce qu'il y a cette ligne
d'horizon, là, à l'endroit où la lumière du phare s'arrête net. Je peux
contempler d'un même regard mes deux amours. Toi, le destin clos, tu
es une femme, et ça ! l'azur à l'envers.
Elle ne promet rien, elle promet tout.

ESPÉRANCE. Moi non plus, je ne promets rien.
*(Elle se blesse sur les tessons de bouteille.)*
Je me suis coupée !

ACAMAS. Que c'est beau !

ESPÉRANCE. Quoi ?

ACAMAS. La lumière des bateaux aveugles qui croisent là-bas, la brise dans ces acacias chargés de papiers gras, qui claquent, un peu de sang sur ton pied, et moi, moi aussi je suis beau !

ESPÉRANCE. Il ne nous sera peut-être rien donné de plus doux !

ACAMAS. Choisis, choisis entre lui et moi.

ESPÉRANCE. Entre lui et toi ! Oui ! Choisir ! Je ne choisis ni l'un ni l'autre, et les deux et le monde avec, tout l'espace ouvert entre vous, et toute la guerre en vous ! Nous n'avons pas besoin de miséricorde divine, nous sommes déjà tout un tourbillon de joie. Lèche-moi, mords-moi !

ACAMAS. Je t'aime, Espérance !

ESPÉRANCE. Je suis à toi, Acamas !

ACAMAS. J'ai peur ! J'ai peur !
Tu me fais peur souvent, Espérance, tu me fais peur à l'instant où tu cherches le moins à me faire peur.
C'est que tu pourrais remplir le monde, ce n'est pas justice pour tous les autres devenirs.

ESPÉRANCE. Et les autres femmes !

ACAMAS. Oui, tu pourrais prendre la place, la place qui est consacrée. Quand je te regarde… Tout à l'heure, nous étions perdus, tu cherchais dans la brume une attache à ton regard, tu ne reconnaissais rien. Tu ne te souciais pas de me plaire à cet instant. La fleur que tu avais mise là, elle est tombée. Tu étais lavée par la fatigue et l'égarement. Et je t'ai vue, là, fragile et puissante, tout ce que je pouvais désirer. Je me suis dit que je me moquais de mon accomplissement et de tout ce qui m'attirait obscurément ; parce que tu étais là. Et autour de toi, il n'y avait rien, il n'y avait rien eu, il n'y aurait plus rien.

ESPÉRANCE. Je me suis coupée là aussi. Tu vois, je saigne.

ACAMAS. Ton sang est dans ma bouche.

ESPÉRANCE. Le livre est grand ouvert !

ACAMAS. J'ai peur, j'ai peur !

ESPÉRANCE. Moi aussi, Acamas ! Moi aussi j'ai peur.

ACAMAS. Mon frère, tu le désires plus que moi.

ESPÉRANCE. Oui, je le désire plus que toi.

ACAMAS. Pourquoi ?

ESPÉRANCE. Je te l'ai dit, il est beau.

ACAMAS. Que feras-tu, dis-moi, si un enfant meurt sous tes persiennes à l'heure de ta nuit de noces ?

ESPÉRANCE. Il faudra bien oublier son bonheur !

ACAMAS. Il faudra ?

ESPÉRANCE. Tu as dit la nuit de mes noces ? Oh non, je ne ferai pas cela dans la joie.

ACAMAS. Oui, qu'es-tu prête à sacrifier ? C'est ce que Dieu dit incessamment. Dieu exige tout à tout instant !

ESPÉRANCE. Ma nuit de noces, quelle qu'en soit l'heure, un enfant mourra quelque part.

ACAMAS. C'est vrai.

ESPÉRANCE. C'est ce soir, ma nuit de noces. Et il y a le grand désert où partira mon bien-aimé. Il y aura ce grand désert dans mon cœur aussi quand tu m'auras quittée. Mais pour te rejoindre, je n'aurai qu'à marcher vers moi-même.

ACAMAS. Un cercle n'est plus un cercle à la moindre rupture de sa courbe.

ESPÉRANCE. Mais alors, toute vie qui ne s'offre pas est un scandale ?

ACAMAS. Pire qu'un scandale, une erreur.

ESPÉRANCE. Je ne le connais pas, cet homme capable de tout donner. Je ne l'ai pas rencontré. Il n'est pas encore né.

ACAMAS. Je le ferai, avec ce bourbier. Je ferai de moi cet homme. J'ai commencé à le bâtir, chaque jour j'apporte une pierre de plus. Je serai cet homme que j'ai désespéré de connaître. Je serai mon propre père.

ESPÉRANCE. Acamas ! Acamas ! Ne me laisse pas !

*Il s'enfuit.*

## ──── 7. ────
## une paire de godillots ensorcelés

*Entre Horn.*

HORN. C'est un fou.

ESPÉRANCE. Qui êtes-vous ?

HORN. Le nez rouge et plein de morve de cet enfant qui pleure, qui pleure justement quand il ne faut pas, la nuit de vos noces. J'ai un sursaut de dégoût. Voyez-vous, que l'homme soit laid moralement, ce n'est pas très grave, au fond, personne n'est bien joli depuis la chute, mais ce que je ne pardonne que difficilement, c'est la laideur physique. Les difformes et les pauvres, nous les supportons moins bien que les jolis traîtres. Vrai ou faux ?
Vrai ou faux ?

ESPÉRANCE. Vous êtes amusant.

HORN. Pas du tout.

ESPÉRANCE. Vous avez des chaussures ?

HORN. Que voulez-vous ? Des escarpins en peau bistre, j'ai aussi des sandales vernies vert bouteille, des mules extravagantes et des godillots ensorcelés.

ESPÉRANCE. Vous avez toujours des chaussures dans votre sac, au cas où ?

HORN. Oui, j'ai toujours dans ce sac ce que l'homme désire, et croyez-moi ce que l'homme désire, c'est souvent peu de chose. Par exemple, la miséricorde divine, vous la voudriez, je ne l'ai pas, mais vous préférez…

ESPÉRANCE. Les godillots ensorcelés. C'est provisoire.

*Il lui donne les godillots ensorcelés.*

HORN. Tout est provisoire. Vous vous appelez Espérance.

ESPÉRANCE. Vous êtes amusant.

HORN. Pas du tout.

ESPÉRANCE. Comment vous appelez-vous ?

HORN. Horn. On m'appelle aussi Satan, parce que je suis armateur, et les marins ont toujours une petite dent contre les armateurs.

ESPÉRANCE. Il vous a impressionné, hein ? Avouez !

HORN. J'en ai vu d'autres. Des idéalistes, je veux dire. Tout est encore possible, mais le plus probable...

ESPÉRANCE. Oui ?

HORN. C'est qu'il ne restera de ces serments... que quelques morceaux de verre brisé.

## 8.
## tout ce qui arrive est adorable

*Dans la chambre de Circé. Le capitaine s'entaille la main.*

SOURCEVAINE. Qu'est-ce que vous faites, vous êtes fou ?

LE CAPITAINE. Je rouvre la plaie, la cicatrice s'était refermée. Là vous voyez, ça saigne vraiment.

SOURCEVAINE. Quelle horreur !

HORN. Le jeu ! Revenons au jeu !

SOURCEVAINE. Pourquoi vous faites ça ?

LE CAPITAINE. C'est pour m'empêcher de reprendre la mer.

SOURCEVAINE. Un capitaine qui n'aime pas la mer, ça fait de vous un mauvais personnage.

LE CAPITAINE. Vous aussi vous êtes un mauvais personnage, Sourcevaine.

CIRCÉ. Ce corps ! Ce corps, quel scandale, non ?

LE CAPITAINE. Comme tous les commerçants, vous ne savez qu'exploiter la misère humaine. Et avec quoi ? Des sardines à l'huile.

SOURCEVAINE. Oui je fais des sardines à l'huile et je m'en flatte. Je le dis sans rougir, je fais dans la sardine à l'huile. Mes sardines Alléluia ont eu un grand succès dans les pays sous-développés.

LE PÈRE. Il n'y a plus d'eau-de-vie.

LE CAPITAINE. Une véritable incarnation du profit.

SOURCEVAINE. Une allégorie de la violence aveugle.

CIRCÉ. Tu as trop bu, vous avez tous trop bu et vous n'arrivez pas à finir cette partie. Cette partie n'en finit pas ! Et cette odeur de cendre froide !

HORN. Rhabille-toi, tu me dégoûtes.
Récapitulons les choses si vous le voulez bien, docteur. Docteur ? Je vous parle.

LE PÈRE. Il n'y a plus d'eau-de-vie.

CIRCÉ. Chéri, fais un effort, chéri, ce Golgotha, nous n'allons pas t'y pousser à coups de pied dans le tutu !

LE PÈRE. Pardonne-moi.

CIRCÉ. Y a que la foi qui sauve. Hein chéri ?

LE CAPITAINE. Récapitulez ! Sourcevaine, récapitulez et qu'on sonne l'hallali.

CIRCÉ. Chéri ! Embrasse ta petite libellule dont les pattes sont prises dans la fange !

SOURCEVAINE. Alors, bon, voilà ! Les décharges sont là. Donc pour cette dernière partie, vous jouez votre maison avec Horn. Cela comprend le garage et les dépendances. Le capitaine joue pour obtenir le petit parc charmant qui se trouve derrière. Cela comprend-il la berge et le ponton ?

LE PÈRE. Oui, oui, finissons. La berge !

CIRCÉ. Chéri, tu joues la berge et le ponton ! Ça change tout ! Alors tu joues tout !

LE CAPITAINE. Et moi-même je joue vos dernières actions et vos avoirs ; voilà, voilà. C'est Circé qui distribue conformément à notre pacte.

CIRCÉ. Qu'il vende sa berge !

HORN. C'est spirituel, ça !

LE CAPITAINE. Oh ! ça c'est très drôle ! Qu'il vende sa berge, Sourcevaine.

LE PÈRE. Peux-tu le croire, Circé, ma petite fille ?

LE CAPITAINE. Vous n'avez pas compris, ben c'est facile allons, qu'il vende sa berge !

LE PÈRE. Un honnête médecin, veuf, sans vice apparent, sans mysti-cisme purulent, qui en quelques jours joue tout ce qu'il a et le perd.

CIRCÉ. Pas encore chéri, il reste une manche !

LE PÈRE. Tout ce qui arrive est adorable.

*Il s'évanouit.*

LE CAPITAINE. Relevez-le, nous n'allons pas jouer avec un mort.

SOURCEVAINE. Arrosez-le !

CIRCÉ *(en pissant sur lui)*. Réveille-toi ! Chéri !

LE PÈRE. Tout ce qui arrive est adorable.

HORN. Comment peut-on dire une telle horreur ?

LE CAPITAINE. C'est du manque de civisme, vraiment.

SOURCEVAINE. Absence de charité chrétienne ! Pensez à ceux qui souffrent. Pensez à l'Afrique !

CIRCÉ. Il se réveille.

SOURCEVAINE. C'est tout de même affligeant de voir un homme jouer tout ce qu'il a, vendre la fortune entassée pendant des années, et même pas par mysticisme !

CIRCÉ. Ah bon ? Ce n'est pas par mysticisme ? Mais pourquoi alors ?

HORN. Par amour de tes grosses fesses !

CIRCÉ. C'est ce que j'attendais que tu dises. Je donne.

*Elle distribue les cartes.*

LE PÈRE. Tout ce qui arrive est adorable !

LE CAPITAINE. Oh ! même ce sept de trèfle, mon pauvre docteur.

HORN. Huit de carreau !

CIRCÉ. Vous triomphez de peu !

LE CAPITAINE. Huit de pique !

CIRCÉ. C'est une honte !

SOURCEVAINE. Huit de trèfle !

CIRCÉ. Huit de trèfle pour Sourcevaine. Voilà chéri, tu es mort.

LE PÈRE. Mort ? Est-ce cela la mort ?

CIRCÉ. Dis ta douleur, dis-la, éloigne-la un peu de toi, dis-la.

LE PÈRE. Mais, je n'ai pas de douleur.

LE CAPITAINE. C'est immoral !

CIRCÉ. Je vais appeler son fils, pour qu'il vienne le ramasser.

HORN. Docteur, vous détruire ne fut pas très amusant, vous étiez une plaie facile, nos couteaux ont trouvé très vite leur patrie dans votre chair, j'ai le regret de vous dire que c'était presque ennuyeux !

CIRCÉ. Ton fils vient te chercher, chéri ! Tu peux attendre demain pour lui dire. La maison, tout ça... Passe une bonne nuit d'abord.

LE PÈRE. Je veux jouer encore !

CIRCÉ. Mais chéri, tu n'as plus de crédit, ton fils vient avec la balayette, il faut que tu sois frais demain quand les huissiers sonneront !

HORN. Son fils ! Lequel des deux ?

LE PÈRE. Je n'ai qu'un fils.

LE CAPITAINE. L'autre n'est pas son fils, il l'a récupéré.

LE PÈRE. Je veux jouer encore.

CIRCÉ. Messieurs, ayant été sa pente descendante... *(Au père.)* sur laquelle tu as roulé et plus d'une fois, hein ?

SOURCEVAINE. Ça, il a roulé jusqu'en bas du bas du bas de ta descente de lit en peau de tigre.

CIRCÉ. Ayant été son lest...

SOURCEVAINE. Et y en a !

CIRCÉ. Vous la sardine, ça va !

HORN. Et il est tombé tout au fond du fond du fond des abysses de ta caverne !

CIRCÉ. Je vais lui donner du crédit !

HORN. Avec quoi ?

CIRCÉ. Avec mon imagination. Capitaine, vous rejouez la maison, il se propose de cirer vos chaussures !

LE CAPITAINE. A tous les trois !

CIRCÉ. Et vous Horn, relancez le jardin sur le tapis contre... voyons...

SOURCEVAINE. Il pourrait porter une robe de pute.

HORN. Oui, bien !

CIRCÉ. Eh contre ses avoirs, eh bien qu'il nous raconte la mort de sa femme !

LE PÈRE. Jouons !

HORN. Circé ! Tu grandis, tu grandis, ton ombre fait de l'ombre à toutes les ombres.

CIRCÉ. Je prends du poids ! Tu es un pauvre diable, Horn. La tempête de mon ressentiment a coulé plus d'un bateau. J'ai faim de naufrages comme d'autres ont faim d'oraisons. Oui ! La déchéance est la clef de mon Gloria. Et un et deux, tous les hommes viendront boire à ma source, car tous les hommes aiment s'humilier, et moi, je regarderai cette armée de porcs que j'aurai faite et je crois que je ferai semblant de pleurer. Je donne ?

LE PÈRE. Tout ce qui arrive est adorable.

HORN. Il dit cela pour m'énerver.

CIRCÉ. Ah ! Une femme ! Une femme brune est dans votre jeu !

LE CAPITAINE. Sa défunte, sûrement.

SOURCEVAINE. Elle vient le chercher.

CIRCÉ. Capitaine ?

LE CAPITAINE. Un roi.

CIRCÉ. Horn ?

HORN. Un autre roi.

CIRCÉ. Sourcevaine ?

SOURCEVAINE. Un roi !

LE CAPITAINE. Avec force détails, la mort de la conjointe, force détails !

SOURCEVAINE. A haute et intelligible voix.

LE CAPITAINE. Nous aimons les histoires tristes.

*Le père a mis la robe de Circé.*

CIRCÉ. Quand partez-vous ?

LE CAPITAINE. Dans trois jours.

CIRCÉ. Tanger ?

HORN. Oui, Tanger.

CIRCÉ. Le rose te va bien, le rose lui va bien.

SOURCEVAINE. Ça n'a aucune importance, la couleur.

CIRCÉ. Evidemment, vous, vous êtes grossier, vous sentez la sardine !

SOURCEVAINE. C'est vrai, je sens encore ? Mais je me parfume. La violette !

CIRCÉ. Cette odeur de tripes de sardines pourries et de violettes de grand-mère, vraiment vous sentez la mort.

HORN. Ça lui plaît, les hommes qui sentent la mort.

*Entre Acamas.*

LE PÈRE. Ma femme est morte le 17 novembre, il y a vingt ans. Elle s'appelait Lucie, Emilia, Serena, Lahore de son nom de jeune fille.

HORN. Oui, cette ville est ennuyeuse.

LE PÈRE *(il cire les chaussures de Horn, de Sourcevaine et du capitaine).* Après la naissance d'Acamas, quelque chose avait pâli entre nous et, pour toute réponse, elle s'était retrouvée enceinte à nouveau.

HORN. Détruite absolument et reconstruite n'importe comment.

LE PÈRE. J'étais très heureux d'avoir un autre enfant, mais qu'elle ait pris seule cette décision m'a été insupportable.

HORN. Vivement Tanger.

LE PÈRE. Je voulais qu'elle avorte.

HORN. Ah ! quand nous serons à Tanger, je respirerai !

LE PÈRE. L'opération faite je n'ai pu m'empêcher de la regarder avec un certain dégoût et de l'accuser de tout ce dont je me sentais responsable.

LE CAPITAINE. Hélas ! Mon cher Horn, le monde est ce qu'il est et les hommes d'honneur sont rares !

SOURCEVAINE. Et les marchands d'éthique ont plié boutique.

HORN. Et les gardiens de la probité sont manchots !

LE PÈRE. Il faut bien entendre qu'il n'y avait d'égal à ce dégoût physique irréparable que l'immense tendresse et l'admiration sans borne que j'avais pour elle.

SOURCEVAINE. Avec l'argent que nous ferons, avec les sardines, je veux dire, nous irons peut-être jouer en Amérique, les négros ont un sacré sens de l'honneur, nous aurons des cibles à la mesure de notre...

LE CAPITAINE. ... Félonie ?

HORN. A la mesure de notre humour ! Humour si peu partagé.

LE PÈRE. Nous nous étions connus à l'âge de dix-sept ans, sans doute trop tôt, mais il semblait que nous étions si parfaitement faits l'un pour l'autre que parfois, dans une distraction innocente, voulant m'appeler elle prononçait son propre prénom et ne s'en apercevait pas.

LE CAPITAINE. La misère du siècle, mon cher, c'est que les hommes n'aiment plus combattre.

LE PÈRE. Quelques mois plus tard, j'ai adopté un enfant, et je l'ai imposé à ma femme. C'était à mon tour de jeter entre nous un enfant sans concertation.

SOURCEVAINE. Voulez-vous goûter mes nouvelles sardines ?

LE CAPITAINE. Nous en mourons d'envie...

LE PÈRE. Dès son plus jeune âge, Orion a été un enfant difficile, et ma femme connut l'immense torture d'avoir à élever un enfant qu'elle n'aimait pas.

SOURCEVAINE. Les voilà !

LE PÈRE. Souvent il m'arrivait de punir Orion pour cacher l'affection que j'avais pour lui.

SOURCEVAINE. Goûtez-les !

LE PÈRE. Quant à elle, ne pas pouvoir aimer cet enfant était une humiliation si forte qu'elle s'interdisait aussi tout acte de tendresse pour Acamas.

SOURCEVAINE. Goûtez-les, ce sont des péchés !

LE PÈRE. Elle souffrait démesurément.

SOURCEVAINE. Regardez la nouvelle boîte, un carrosse ! Un carrosse pour les déshérités ! Circé !

CIRCÉ. Merci, ça me lève le cœur ! Rien que l'odeur !

LE PÈRE. La mort est venue à elle comme par pitié. Le cancer qui s'est déclaré fut rapide et puissant, elle n'y a opposé que peu de résistance.

Je l'ai forcée par l'autorité de ma profession à des opérations qu'elle redoutait atrocement et qui ne l'ont pas sauvée. Mais en la forçant à se faire couper les seins, je me donnais au moins la certitude de vouloir la sauver.

CIRCÉ. Voilà son grand fils !

SOURCEVAINE. Nous découvrons ma dernière œuvre ! Vous en voulez ?

LE CAPITAINE. Vraiment la boîte est jolie, elle est à la fois traditionnelle et novatrice.

LE PÈRE. Elle avait une foi fragile qui s'est brisée aux premiers coups de l'agonie.

HORN. Est-ce qu'elle n'est pas trop citronnée ?

LE PÈRE. Une de ces fois faites de tradition plutôt que d'inspiration, qui peuvent tromper pendant une vie entière, mais qui s'avouent vaincues quand la mort les questionne.

SOURCEVAINE. Vous m'offensez.

LE PÈRE. Elle est morte en répétant : "Il n'y a rien, il n'y a rien, il n'y a rien." L'enfant l'a tuée.

HORN. Je ne sais pas, c'est peut-être le sucre ou le vinaigre. Sincèrement, je préfère la Paul Claudel !

SOURCEVAINE. Vraiment ?

LE PÈRE. Orion l'a tuée.

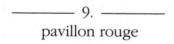

## 9.

## pavillon rouge

*Une cabane d'enfant.*

ORION. A quoi me servirait de croire en Dieu ? La vie est belle.

ESPÉRANCE. Tu frappes dans tes mains et les oiseaux s'envolent !

ORION. C'est assez de bonheur, non ? Je frappe dans mes mains et les oiseaux s'envolent.

ESPÉRANCE. C'est quoi cette force ?

ORION. J'aime la nuit autant que le jour, voilà mon secret.

ESPÉRANCE. C'est parce que tu ne connais pas la nuit.

ORION. Je l'ai pressentie souvent, elle est derrière moi avec tout le mystère de ma naissance. Un enfant abandonné, c'est assez de noirceur pour pressentir toutes les nuits de l'âme. Alors voilà la gloire des enfants de l'orphelinat, le malheur est déjà derrière eux, et ils savent dire cela, cela qui est si grand à dire.

ESPÉRANCE. J'aime la nuit autant que le jour. Non. Je ne crois pas que tu le dises vraiment.

ORION. C'est ainsi.

ESPÉRANCE. Un jour, quand tu auras bien souffert, si tu le dis, ce jour-là, si tu le dis, alors je te croirai.

ORION. Tu me crois, je suis la vie.

ESPÉRANCE. Hier, j'ai fait l'amour avec Acamas.

ORION. Non !

ESPÉRANCE. Acamas a léché mon sang. Ici, regarde, il a lacéré mon corps avec des tessons de bouteille et il a bu un litre de mon sang.

ORION. Moi je te saignerai vraiment.

ESPÉRANCE. Toi, vraiment, dès que tu parles tu dis "vraiment". Tu pleures vraiment, et tu crois vraiment et tu aimes vraiment...

ORION. Vraiment ?

ESPÉRANCE. Oui.

ORION. J'aime la vie, Espérance. J'aime ça. Dieu écrira ce qu'il veut sur ma peau blanche, tous les poèmes disent la même chose. J'ai des cibles partout sur le corps. Les flèches viendront d'elles-mêmes ici et là et ici avec leurs douleurs et leurs cris de victoire. Oh ! je veux que les archers du siècle connaissent ma clameur. Je vais patauger dans la boue, et créer un empire et mordre dans tes chairs blanches.

ESPÉRANCE. Qu'est-ce que cela veut dire ?

ORION. Ça veut dire que j'ai été fait pour porter une émeraude à mon oreille. Laissez-moi vaincre !

ESPÉRANCE. Vaincre ! Un mot vieux.

ORION. Nous le ferons renaître.

ESPÉRANCE. Nous ? Qu'est-ce que je suis, moi, dans ce combat ?

ORION. Tu es mon drapeau, ta robe est mon drapeau. Enlève-la, je vais la hisser à la place du pavillon français, sur le toit de la capitainerie.

ESPÉRANCE. Tiens, prends, elle est à toi.

ORION. Et que toute la ville sache cela ! L'Espérance est nue devant moi et j'agite la robe rouge qu'elle m'a donnée ! A pavillon découvert ! On le saura, je ne suis pas un homme bon !

ESPÉRANCE. Regarde-moi, regarde-moi avec toute la cruauté que tu peux ! Tu n'es pas encore un fauve comme je le voudrais ! Regarde-moi, demain, je choisirai entre toi et ton frère. Lequel à ton avis ? Celui qui a pris mes chaussures ou celui qui m'a déshabillée ?

ORION. Tu choisiras la vie, fille nue !

ESPÉRANCE. Qui peut le dire ?

ORION. Tu as déjà choisi.

ESPÉRANCE. Imbécile ! C'est autre chose, ce que je dis. Je dis que certains vivent pour connaître et que d'autres...

ORION. ... Tout simplement, mettent leur tête sous l'eau fraîche avec leur âme et toute la connaissance possible !
Je t'ai acheté des bijoux. Des faux bijoux bien sûr, de la verroterie. Regarde ! J'ai décidé de te couvrir de verroterie et de te couronner ! Et aussi, je voudrais que tu danses dans ce qu'il reste de lumière, là, devant le feu !

ESPÉRANCE. Je dois choisir, Orion, je ne peux pas être deux images à la fois. Je serai la vierge froide d'Acamas et la déesse d'ambre d'Orion ? Donne-moi ces bijoux. Ah ! qu'ils sont froids.
Où est la musique ?

ORION. Musique !

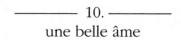

## 10.
### une belle âme

*Toujours la chambre de Circé.*

CIRCÉ. Ton fils est là.

ACAMAS *(à son père)*. Allons viens, tu dormiras à l'arrière.

LE CAPITAINE. On dit que vous avez claqué la porte de l'école navale ?

ACAMAS. Qui êtes-vous ?

LE CAPITAINE. Capitaine Guerre-Lasse et voici mon ami armateur, Horn, et monsieur Sourcevaine qui est représentant...

SOURCEVAINE. ... En sardines à l'huile. Les dieux se sont nourris de sardines et d'ambroisie, dit Homère.

ACAMAS. Les hommes ont donc le palais plus fin que les dieux.

SOURCEVAINE. Elle fut aussi le repas de l'ouvrier, et l'ouvrier fut l'aristocrate du XX<sup>e</sup> siècle !

ACAMAS. Décidément votre sardine se mange à toutes les sauces !

SOURCEVAINE. Ce garçon a du génie ! L'Opportuniste se mange à toutes les sauces !

LE CAPITAINE. Notre nouvelle sardine est baptisée !

HORN. Jeune homme, toutes les vérités moisissent et tous les amours s'éventent, mais inaltérable est l'amour du boutiquier pour sa boutique.

ACAMAS *(à son père)*. Allons viens.

CIRCÉ. Ne le jugez pas trop mal, Acamas, ce sont ces armatures et ces boutiqueurs qui le débauchent.

ACAMAS. Je ne juge aucun homme, madame.

CIRCÉ. C'est bien, c'est bien.

LE CAPITAINE. Quel regard ! Le bleu souverain ! Alors vous avez claqué la porte ?

ACAMAS. Allons, viens !

SOURCEVAINE. Et pourquoi ?

ACAMAS. Ils défiguraient mon idéal.

HORN. Qui ? Les capitaines ? Vos camarades ?

ACAMAS. Aucun ne partageait l'idée que je me fais de la mer.

HORN. Cette idée m'intéresse, je suis armateur.

ACAMAS. C'est pourquoi vous ne la percevrez jamais.

LE CAPITAINE. Et au capitaine, la direz-vous ?

ACAMAS. La mer rend humble.

LE CAPITAINE. La mer rend humble, c'est tout ? Et tous ces conquérants, étaient-ils humbles ?

ACAMAS. L'humilité, ce n'est pas avoir des rêves de boutiquier, être fidèle à une certaine idée de l'homme est-il un orgueil condamnable ?

LE CAPITAINE. Expliquez-vous.

ACAMAS. Quand l'homme est sur la mer, il est si vulnérable, si déserté, que la seule mesure est celle de ses frères.

HORN. Il n'y a qu'à voir comme on s'entre-tue sur un canot de sauvetage.

LE CAPITAINE. Vous avez tort. La mer tue, c'est tout. Elle tue et elle emporte le corps, tuant dans son dernier droit l'épitaphe. Préférez les tombes ! Préférez les tombes à la mer ! Savez-vous nager ?

ACAMAS. Oui.

LE CAPITAINE. C'est regrettable ! Quand je tomberai dans l'eau, je n'aurai qu'à joindre les mains ainsi. Vous souffrirez plus longtemps.

ACAMAS. Souffrir n'est rien.

LE CAPITAINE. Imbécile, souffrir est tout !

HORN. Souffrir est tout ce qui est.

ACAMAS. Souffrir n'est rien, l'encre n'est pas le livre.

*Acamas emmène son père.*

HORN. Vous avez vu ce que j'ai vu, mes chers amis, je pensais que cette race n'existait plus ! Souffrir n'est rien ! Ils défiguraient mon idéal ! L'encre n'est pas le livre ! Je vous en conjure, jouons le fils ! Le père a aiguisé nos armes, jouons le fils !

LE CAPITAINE. Oui ! Jouons le fils !

SOURCEVAINE. Prenons-le sur notre canot ! Il sera oint à l'huile de sardine !

CIRCÉ. Il s'est moqué de vous ! L'acier de ses yeux vous a troublés ! Vraiment, vous trépignez à la moindre odeur de sainteté, il n'est ni fort ni pur, il est jeune, c'est tout.

HORN. Je parie mille dollars qu'il tombera en moins d'un mois.

LE CAPITAINE. Je prends !

CIRCÉ. Ils ont la bave aux lèvres ! Tous, vous ne voulez qu'une chose, une seule chose !

HORN. Laquelle ?

CIRCÉ. Caresser le corps de Jésus en le mettant sur la croix.

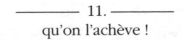
## 11.
### qu'on l'achève !

*Toujours la cabane d'enfant.*

ESPÉRANCE. Ces bijoux sont moins coupants que les verres brisés d'Acamas. Il a bu mon sang, et moi, son idée folle.

ORION. Quelle idée folle ?

ESPÉRANCE. Si l'on écoute, on entend la partition exacte de son destin, il suffit de ne pas poser de questions superflues quand Dieu dit "tu dois" !

ORION. Oh ! Je suis un sauvage ! Ce n'est pas Dieu qui me dit "tu dois" ! C'est ton corps qui exige que je sois un roi !

ESPÉRANCE. Roi ! Roi ! Tu es un roi.
Et que feras-tu si le jour de ton couronnement, ton carrosse estropie un enfant ? Pourras-tu t'empêcher de regarder sa douleur autrement que comme une étoile, infinie et exigeante ?

ORION. C'est toi dans la lumière du feu, l'étoile ! Qu'il se taise cet enfant ! Qu'on l'achève ! Gardes, exécutez cet enfant qui gâche la fête exacte de mon couronnement !
Qu'on lui tire une balle dans la tête !

ESPÉRANCE. Infinie ! Infinie aussi, la perle de sueur sur ton front ! Tu jouis !

ORION. Oh ! Oui ! Oui ! Qu'on tue l'enfant ! Qu'on étouffe son cri ! Ne parle plus de cet enfant, je jouis presque ! Je jouis !

ESPÉRANCE. Fou !

ORION. Tu es ma femme ! Tu es ma femme que tu le veuilles ou non.

ESPÉRANCE. Non, je ne le veux pas. Je veux, la nuit de mes noces, t'appeler par le nom de ton frère et te faire entendre ta rédemption.

ORION. Je me moque que mon frère soit un saint, moi je veux être un homme !

ESPÉRANCE. Tes bijoux sont moins coupants que ceux d'Acamas. C'est lui que j'aime, que me donnes-tu d'autre que des bijoux inutiles ?

ORION. Rien, rien, je ne te donnerai rien d'autre que des bijoux inutiles, et c'est pour cela que tu m'aimes. Des poèmes inutiles, aussi, tout juste bons à décorer des boîtes de sardines à l'huile !

ESPÉRANCE. A quoi seras-tu fidèle, orphelin, si tu vas conquérir le monde ? Le monde qui n'est jamais que la ligne d'horizon de ton désir, il te faut une fidélité...

ORION. Je serai fidèle à cette image de toi !

ESPÉRANCE. Je ne crois pas que cela soit assez.

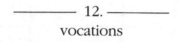

## 12.

### vocations

*Un théâtre dans la chambre de Circé.*

HORN. Nous nous sommes promis, chers amis, de vous raconter notre rencontre.

CIRCÉ. Et ma... comment dire ?... vocation.

SOURCEVAINE. Il faudra qu'à mon tour, je vous dise ma vocation pour la sardine, c'est une histoire...

HORN. On s'en passera.

CIRCÉ. C'est à cause de mon corps, il dégage une sorte d'odeur, je n'ai jamais eu de chance avec les hommes, je viens de la campagne, mon père me battait.
Il ne battait jamais ses chiens, mais moi, oui. Le soir par la fenêtre de ma chambre, je voyais les lumières lointaines de la ville, c'était rose et merveilleux.
Je me suis enfuie avec un représentant en machines agricoles. Il me promettait la lune, mais après m'avoir bien utilisée dans tous les sens, il m'a jetée hors de son camion. La route avait un grand terre-plein aux fleurs mortes, c'est là que j'ai pleuré.

J'avais une petite robe avec des motifs de bateaux. Sur la route, je me suis fait une entaille au genou en forme de V. Les corbeaux n'étaient pas ce qui m'effrayait le plus, mais mourir comme ça, sans raison et sans avoir rien dit...

J'ai travaillé dans un hôtel, *Le Vallon d'Encre*, lieu-dit. Un vallon, oui, et de l'encre, noire comme du sang, ça sortait de toutes les tuyauteries. Le patron m'avait volé mes papiers. Il fallait que je m'occupe de lui. Je me suis encore enfuie.

Le ciel était poussiéreux ce matin-là. J'avais accroché sur mon manteau une fleur en carton volée dans le hall, c'était un grand soleil vermillon avec un cœur de laine noire.

En route j'ai rencontré des forains, ils me montraient nue, et les hommes pouvaient me toucher et me cracher dessus pour cinq francs. A mon cou, on avait mis un écriteau : "Pas de perdants."

Au bout d'un certain temps, il y a eu de la concurrence et il ne venait plus personne. Ils ont dit que j'étais trop laide et que je faisais fuir le client. Ils m'ont frappée, mais comme ils tapaient moins fort que mon père, je m'en moquais.

Je volais des petites bouteilles de parfum dans les grands magasins. Un jour, un grand gars roux m'a piquée avec une épingle, tous les autres se sont jetés sur moi. Je crois que c'est à cause du cri que j'ai poussé, parce que j'ai eu une sorte de cri amusé. La douleur s'endort à force, on entre au désert, c'est le coton, on devient indifférente à son corps, les arbres endorment leurs racines dans une eau boueuse. Même quand on m'a cassé les dents...

HORN. Pauvre enfant, fallait-il que tout cela... ?

CIRCÉ. Et puis, j'ai rencontré monsieur Horn qui a été si gentil avec moi ! Il m'a dit des choses très belles qu'on ne m'avait jamais dites ! Il m'a dit qu'il y avait entre l'homme et la nature une alliance profonde, sourde, typhonique et que cette alliance, cette alliance nocturne, c'était tout ce que les imbéciles appellent le Mal !

HORN. Regardez deux chiens se disputer un gibier sanguinolent, splendide écorchure qui crie. Elle a miraculeusement survécu à ses déchirures, et les chiens passionnés comme des artistes...

CIRCÉ. C'est beau, il parle, et mon sang a un autre goût !

HORN. Quand comprendras-tu que si les hommes te battent, c'est que tu le mérites ?

CIRCÉ. Oh non !

HORN. On ne rétorque pas quand je parle. Tu aimes ça !

CIRCÉ. Oui monsieur, c'est vrai, j'aime ça.

HORN. Bien, si tu aimes ça il faut que tu saches qu'eux aussi aiment ça.

CIRCÉ. Me battre ?

HORN. Mais non. Etre humiliés ! Je t'achèterai un dentier.

CIRCÉ. Merci.

HORN. Toute cette haine qui est en toi est un véritable trésor. Sais-tu pourquoi les hommes te frappent ?

CIRCÉ. Pour me faire mal.

HORN. Ils se moquent que tu aies mal ou pas, ce qu'ils veulent c'est sentir que la vie est là, la vie !
Maintenant c'est toi qui violenteras les hommes.

CIRCÉ. D'accord.

HORN. Nous allons te photographier.

CIRCÉ. Non !

*Entre Epitaphe.*

HORN. Et nous gagnerons un peu d'argent avec ces photos, cela paiera ton dentier.
Epitaphe – c'est le nom de mon photographe – est-ce qu'on peut tirer quelque chose de ça ?

ÉPITAPHE. Ses vêtements ne sont pas déchirés !

HORN. Oui, mais elle a les dents cassées.

ÉPITAPHE. Ce n'est pas assez ! Il faudrait lui faire bleuir le nez et lui ouvrir l'arcade sourcilière. *(Il la frappe.)*
C'est bien, frappe-la encore, fais-la crier, je ne vois pas l'éclat de fureur !

HORN. Ah ! l'éclat de fureur par lequel tu communies au principe même ! Le sacré est là, dans cette grande honte, connivence de la douleur avec les éléments. Le suprême éclair de révolte, c'est le cosmos déplié ! Je voudrais voir ça. Il y a bien cela en toi ?

ÉPITAPHE. Non ! Non ! Elle ne souffre pas assez !

HORN. La brûler peut-être ?

LE CAPITAINE *(désignant Sourcevaine).* Avec son cigare !

HORN. Tiens ! Oh ! que ce cri était laid, une crécelle ! Moi, je veux l'orgue inondé de larmes. On te tourmentera jusqu'à ce que tu la donnes cette image ! Transforme-toi ! La métamorphose est douloureuse, Mélusine a les dents qui grincent !

ÉPITAPHE. Là ! C'était bien ! Elle a eu un éclair dans l'œil.

HORN. C'est la fission de l'atome. Sens-tu en toi toute la puissance scandaleuse du déploiement des lumières, sens-tu la dérive des continents et le repos du léopard, entends-tu la trompette à l'ouverture du septième sceau ?

CIRCÉ. Je me vengerai !

HORN. Voilà. Elle l'a dit ! Qu'elle est belle ! Jeune accouchée, tu viens de mettre au monde un enfant aveugle !

ÉPITAPHE. C'est bien, mais il vaut mieux la photographier demain, ce sera plus gonflé !

HORN. L'art a ses exigences !
Ainsi s'achève le premier épisode de la vocation de Circé !

LE CAPITAINE. Bravo !

SOURCEVAINE. C'est édifiant !

LE CAPITAINE. Et tellement moral !

SOURCEVAINE. On devrait enseigner ça dans les écoles !

LE CAPITAINE. Seul le travail sauve !

SOURCEVAINE. Audace et persévérance !

LE CAPITAINE. On n'a rien sans rien !

SOURCEVAINE. Assez de blabla ! Pour les paresseux, il y a le coup de pied au cul.

LE CAPITAINE. Et pour les lâches, le peloton.

SOURCEVAINE. La sélection naturelle, voilà notre évangile !

SOURCEVAINE ET LE CAPITAINE. La vie est cruelle, faisons comme la vie !

CIRCÉ. Tu m'as vraiment brûlée, Horn ! Tu ne comprends rien au théâtre.

HORN. C'est toi qui ne comprends rien au théâtre !

# choisir !

*Le port.*

ESPÉRANCE. Choisir entre celui qui a jeté mes chaussures à la mer et celui qui a fait de ma robe un drapeau.

ORION. Ce n'est pas ce que je veux.

ACAMAS. Ni moi.

ORION. Je veux que tu nous choisisses tous les deux !

ACAMAS. Je veux que tu nous refuses tous les deux !

ESPÉRANCE. Ne me demandez pas l'impossible.

ACAMAS. Et alors quoi ? Moi, je veux l'horizon.

ORION. L'horizon c'est beau, mais c'est chaste. Au Mozambique il y a, paraît-il, des femmes qui n'ont pas la moindre idée du péché. Quand on les déshabille, elles rient, et quand on les fouette, elles rient, et quand l'enfant meurt, elles rient. Par tous ces rires, elles affirment évidemment que le centre de la terre est d'une couleur indescriptible.

ESPÉRANCE. Et les hommes ?

ORION. Les hommes font des colliers de fleurs pour décorer les tombes des ennemis qu'ils auront anéantis. Ça c'est de l'amour du prochain !

ESPÉRANCE. Choisir, c'est cela qu'on appelle vivre ?

ORION. Choisir ! Choisir ! Ils n'ont que ce mot-là à la bouche. Et s'il y avait à choisir entre le goût de la cerise et le bruit de l'averse sur le toit ?

ESPÉRANCE. Il y a à choisir entre choisir ou ne pas choisir.

ACAMAS. Choisis le chaste horizon !

ORION. Il s'est fait une tête d'apôtre !

ESPÉRANCE. Tirons à pile ou face !
Pile, je suis à Orion, tout est possible, ma robe est un drapeau, nous laissons le monde dans son ballottement originel, l'important est d'avancer sur la pointe des pieds, l'enfant dort.
Face, je suis la fiancée froide de celui qui veut mettre une légende sous l'image ! Acamas dit que tous les chemins ne sont pas brouillés.

J'aime marcher pieds nus ! Il faut à notre génération un effort plus grand !
Entre le ciel et la terre, il faut choisir, lançons.
*(Elle lance une pièce de monnaie.)*
Elle est tombée sur la tranche.

ACAMAS. Et pas la moindre brise qui puisse nous départager.

ORION. Un tremblement de terre ne l'empêcherait pas de rester entre jouissance et promesse !

ESPÉRANCE. Alors, une épreuve !

ORION. Oui, une épreuve !

ESPÉRANCE. Tout est simple pour vous, vous avez l'Espérance pour fiancée ! Le ciel a ses promesses, la terre a ses promises. Des sacs, mettez-les sur vos têtes, et maintenant je suis au premier qui me trouve.

*Elle court se cacher.*

ORION. Je te tiens ! Avec moi tu as tous les possibles, cela comprend Acamas.

ACAMAS. Avec moi, tu n'aurais eu aucune des possibilités, je suis le point aveugle du monde ! Là, au centre de ma planète, il y a un enfant qui pleure.

ORION. Il faut que tu saches que j'ai triché.

ACAMAS. Il faut que tu saches que je l'ai laissé gagner.

ESPÉRANCE. Alors vous avez décidé à ma place ! Je serais à Acamas en me donnant à Orion, et je serais à Orion si je me vouais à Acamas en le refusant. L'Espérance a-t-elle deux masques ?

ACAMAS. Athéna !

ORION. Et Vénus !

ESPÉRANCE. Une autre épreuve. Votre fratrie ne me bernera pas à si peu de frais ! Dans laquelle de mes deux mains est la pièce ?

ORION. Dans celle qui la tient !

ESPÉRANCE. Est-ce bien sûr ?

ORION. Certain !

ESPÉRANCE. Qu'en dis-tu, Acamas ?

ACAMAS. La pièce n'est dans aucune.

ESPÉRANCE. C'est vrai.

ORION. Comment le savais-tu ?

ACAMAS. Je connais son cœur ! Elle voulait nous faire gagner tous les deux.

ESPÉRANCE. Acamas a vaincu mon indécision. Alors, mon amour, je pars, loin de toi. C'est ce que tu veux, un bel amour éloigné, un bel amour de glace, un bel hiver de neige exigeante.

ORION. Espérance, non !

ESPÉRANCE. Nous nous reverrons, nous deux, puisque nous sillonnerons la terre. Mais je suis à lui, lui qui ne veut pas de moi, il me tient. Comment mépriser le dieu qu'il révèle en moi en me tournant le dos. Le monde est clos, mais l'Espérance est infinie !
Jeunes gens, si vous hésitez entre la terre et le ciel, partez sur la mer !

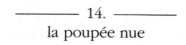

## 14.
## la poupée nue

*Toujours la chambre de Circé. Le père tient dans ses bras une grande poupée nue.*

CIRCÉ. Je ne te comprends pas. Où est-elle cette pierre noire, ce bijou, tu ne peux pas le montrer ? Le scarabée aveugle roule sa sphère sans présence, je ne la vois pas.

LE PÈRE. Il y a un instant, ah ! cet instant, Circé, tout se déchiffre, les livres ont menti, les livres ont trahi, il y a cet instant, aucun chapitre ne le soutiendrait, cet instant de pur embrasement. Vivre, au-delà de tout verbe, être simplement la vie, humiliée et radieuse.

CIRCÉ. Ce vin est tiré dans l'ombre du pressoir ! Quand tu seras dessoûlé que restera-t-il ? Le larcin d'une carte des étoiles dans un musée de géographie. Tu veux que je mette la touche finale à ce tableau lamentable ! Et demain tu viendras, tu viendras encore, je ne peux pas éternellement brûler la cendre !

LE PÈRE. C'est la dernière fois.

CIRCÉ. Tu disais cela hier. Jouer encore ? Mais il ne reste vraiment plus rien.

LE PÈRE. Je sens encore en moi, je sens qu'il y a encore quelque chose, Circé, aide-moi à accomplir ma danse, il y a encore quelque chose…

CIRCÉ. Le navire n'a pas les yeux crevés ?

LE PÈRE. Ça tire, là. Il y a encore quelque chose. La fiancée n'est pas déshabillée, elle se voile encore avec sa pudeur, et je ne la vois pas dans sa nudité de dernier augure.

CIRCÉ. Je ne comprends rien. Quelle fiancée ?

LE PÈRE. La vie ! La vie, que je veux voir nue sous la lampe !

CIRCÉ. C'est incroyable ! C'est tellement compliqué ! Dans votre tête à tous, il y a un labyrinthe, je ne peux pas lui arracher la peau à ta fiancée !

LE PÈRE. Appelle-le !

CIRCÉ. Horn !

HORN. Quoi ? Je fais ma valise ! Le départ est pour demain.

CIRCÉ. Il veut jouer encore ! Il y a trop de marbre sur sa tombe, il dit qu'il faut effacer jusqu'à l'épitaphe pour satisfaire absolument le bec du corbeau.
Il veut perdre son nom.

HORN. On peut jouer encore.

CIRCÉ. Bien, tu cracheras sur ton fils, et je veux un opprobre qui atteigne le cœur de son cœur.

LE PÈRE. Je le ferai. Le serment est là, tout près de ma main.

HORN. Les cartes ! Moi, je parie ce bouton de culotte, c'est honnête !
*(Le père montre un porte-clefs, un petit poisson d'or articulé.)*
Qu'est-ce que c'est ?

CIRCÉ. Un porte-clefs !

HORN. Un petit poisson d'or.

LE PÈRE. Il vole ! Les clefs ! Il n'y en a plus !

CIRCÉ. Avant de donner, il faut que tu saches que les cartes sont marquées.

LE PÈRE. Je le savais.

CIRCÉ. Je savais que tu le savais.

*Circé distribue.*

LE PÈRE. Un roi !

HORN. L'as de pique !

## 15.
## le poisson d'or

*La maison vide.*

LE PÈRE. Le feu, Acamas, le feu, ce dieu qui court. Comprendras-tu qu'il ne me restait plus que le feu ! Que mon âme a tardé, mais qu'ai-je fait tout ce temps ? Bâtir ? Bâtir ! Bâtir ! Il est temps pour moi de vivre, d'être la pure vertu du Vivre, au-delà de toute anecdote. Cette vie que je me donne là, cette vie dans les flammes, est vierge de tout contour et de toute arabesque. Elle est la verticalité des flammes. Mais toi, c'est Dieu que tu révères, n'est-ce pas ? Ton dieu à toi, c'est un miséreux souffrant. Pardon, nous ne sommes pas du même millénaire, j'ai gardé en moi les irascibles confessions du dégoût ! Je veux que disparaisse toute l'obscénité de mon histoire ! Obscène, oui !
Et si j'avais été bourreau et pornographe et si j'avais été dictateur et proxénète, cela vaudrait mieux que ce coton dans mon nez et mes oreilles et mes yeux !

ACAMAS. Tu as tout vendu, c'est ce qu'on dit en ville.

LE PÈRE. J'ai tout joué et j'ai tout perdu, et là où je suis il y a un royaume, un royaume rouge !

ACAMAS. Chacun son royaume, cher père. Chacun son royaume.

LE PÈRE. Dieu est invisible, mais le divin se voit partout. A condition de l'embraser, ce jardin de nos petites consolations. J'étais au chevet d'un gouffre, parle-t-on assez souvent de ces oiseaux qui ne savent voler qu'en se jetant de la falaise. Qu'est-ce qu'une falaise ? Le pressentiment, là, dans les choses simples et cruelles du temps, le pressentiment qu'il nous est demandé une chose. Va-t'en, Acamas, va-t'en ! Le monde a besoin d'une âme comme la tienne, elle est l'axe du manège hideux ! Ce grand manège de statues écornées, de masques peints à l'envers, ce grand manège d'erreurs et de génies.

ACAMAS. Adieu !

LE PÈRE. Tu vaux infiniment mieux que moi. Tu as le goût de l'espoir. Moi, je chante en me consumant. Pourquoi Dieu ne m'a-t-il jamais souri ?

ACAMAS. Le désirais-tu ?

LE PÈRE. Désiré, non. Je le voulais simplement. Je le voulais comme tout un chacun.

ACAMAS. Le sens, tu voulais le sens, et aujourd'hui tu t'enivres du sens que tu donnes à force de flammes, je ne t'en veux pas. Mais moi, j'appartiens au dieu des pauvres, tu m'as enseigné le dégoût de moi, la honte mordante de mes limites, le mépris farouche de l'orgueil vain. Je serai au service de l'homme. La croix consolatrice ! Elle est là ! Là où il y a la croix, il y a aussi mon ouvrage. C'est pour cela que je vais sur la mer. Dans cette grande clameur de souffrance blanche !

LE PÈRE. Dieu ! Dieu sépare le père du fils.

ORION. Mais que voulez-vous de plus ? Vous avez la vie, que voulez-vous de plus ? Cette idée que le sacrifice est la gloire de l'homme, dans quel fond de verre l'avez-vous bue ? Vos flammes amusent l'horizon ! Vous avez la vie, que voulez-vous de plus ?

ACAMAS. Que ta voix est belle !

LE PÈRE. Le rapace, c'est ma soif de connaître. Ma soif de connaître je lui ai tout vendu, voilà que je suis son chien, mais c'est du sel et non de l'eau qui a coulé dans ma gorge, un sel qui donne encore plus soif, et il a fallu que je descende encore au lieu où l'on me ridiculise.

ACAMAS. Regarde-moi, regarde-moi, qu'est-ce que c'est que ce regard qui fuit !

LE PÈRE. Un corbeau ? C'est son indifférence qui fait sa beauté, c'est de son indifférence qu'il chante la gloire du monde. Et moi aussi, je deviens indifférent à ma plaie. Cette noire puissance de l'homme délesté de soucis terrestres, ce bleu dans le noir !

ACAMAS. Moi aussi, j'ai soif, et ma soif est moins bruyante que la tienne, mais consommons notre séparation.
Enfant, te souviens-tu, je jouais avec ce porte-clefs, ce petit poisson d'or articulé, je jouais avec ce petit corps de métal, cet œil de rubis. Il me semblait contenir, dans sa grâce et son mouvement, je ne sais quoi d'essentiel. Et, toujours, je le réclamais, mais tu me disais qu'il gardait les clefs de notre maison. Un jour ? Un jour… je l'aurais, disais-tu. Et en montrant ce porte-clefs sans valeur, tu indiquais toute la perspective de

ma vie, toute l'infinie magie des pressentiments. Il était la boussole de tout ce qui viendrait. Dans ta main, ce petit corps articulé, avec sa façon de mimer la vie étrangement, semblait la révéler plus abruptement qu'aucun poisson véritable, pas même celui du bassin. Cette façon qu'il avait de prendre vie, sur ses charnières, cette joie subite de son petit corps de cuivre mimant la vie, trait d'or dans le sommeil de la matière, ce frémissement révélait la vie. L'âge où tu me le donnerais, l'âge où je le tiendrais dans mes mains, ce serait l'âge des révélations absolues, parce que, dans cette façon de singer le vivant, il y avait une si belle épreuve de l'inanimé, une si belle revanche de la matière dans la résurrection de la marionnette. L'alchimie entrait dans sa phase finale, la convalescence du monde avait pris fin, et toute chose était promesse !

Puisque tu m'as déshérité, donne-moi au moins cela, ce poisson d'or, il est le fétiche sur lequel j'ai fondé la plus haute image de mon devenir.

LE PÈRE *(à Orion)*. Tes mains sentent-elles encore la menthe ?

ORION. Oui, l'odeur est tenace !

LE PÈRE. Ce poisson d'or, à qui tu as promis tant de choses, tu vois c'est à Orion, c'est à Orion, oui, que je le donne ! Mais toi, jure de ne jamais t'en séparer.

ACAMAS. L'acceptes-tu ?

ORION. Pourquoi non ?

ACAMAS. Il est à moi.

ORION. Plus maintenant.

ACAMAS. Pourquoi ?

LE PÈRE. Parce que ses mains sentent la menthe !
Parce que ce n'est pas dans des entrailles de métal qu'il a lu ses augures, mais dans le mouvement désemparé d'un poisson vivant !
Parce qu'il faut bien qu'il y ait une histoire, parce que les justes et les traîtres sont confondus dans la même clémence, parce que personne jamais ne dira merci pour ce qu'il ignore avoir, parce que nous sommes au pied d'une source muette, parce que les églises sont vides, parce qu'elle est aveugle la petite sirène gentille qui chantait sur la berge du lac ! Parce que l'apocalypse c'est ce livre lu dans les entrailles de l'humanité, parce que le désert a atteint sa suprême amplitude. Parce que le diable a tiré un as et j'avais un roi.

ACAMAS. Pourquoi, pourquoi ?

LE PÈRE. Nul ne le sait. Nul ne peut répondre.

ACAMAS. Pourquoi ?

LE PÈRE. Mais c'est à toi que toute question est posée !

## ———— 16. ————
## le monde, quoi d'autre ?

*Une rue.*

HORN. Alors, on boite ?

ACAMAS. Ce sourire !

HORN. Juste ce petit caillou dans la chaussure de votre accomplissement. Ce poisson d'or qui s'est balancé d'une main l'autre, mais que voulait-il dire ? Mais pourquoi m'avoir déshérité ? D'abord on surestime son indifférence ! Je vivrai sans bénédiction, n'ai-je pas assez d'ouvrage ? C'est que le jeune homme voulait être un saint. Et puis, perfide, le petit bruit de la goutte d'eau qui empêche de dormir, pourquoi pas moi ? Et si je faisais fausse route ? Et s'il avait vu juste, et si c'était l'autre, le danseur mondain, l'insouciant rameur, le frais luron, une brindille dans la bouche, si c'était lui, l'homme juste ? Et le poisson d'or est dans sa main, et le bruit de la goutte d'eau devient un grand tintamarre dans la nuit du doute. On n'a plus rien pour raccommoder ce chemin, les certitudes défigurées sont de mauvais cantonniers, l'erreur attend au croisement des destins, c'est le brigand des orgueilleux ! Et puis voilà, il faut avouer, il faut avouer que la fiancée à son bras, ce n'est plus l'espérance mais l'envie ! L'Envie, déesse folle ! Et l'on donnerait tout pour avoir dans ses mains, quoi ? Ce poisson, ce petit poisson d'or de rien du tout. Et l'on donnerait tout pour que ce qui a été n'ait pas eu lieu ! A quoi bon avoir des mains si ce n'est pas pour cela, posséder ! L'homme convoite et la voie lactée chante son indifférence en broyant des étoiles, je veux dire qu'il est deux infinis, notre impossible consolation et ce scandale de la voûte céleste !

ACAMAS. Taisez-vous !

HORN. Et il dit ce "taisez-vous", qui dit, parle encore, déroule le fil d'Ariane qui me plonge aux ténèbres de moi-même, est-ce que je ne sais pas cela ?

ACAMAS. Là, je suis à terre ! C'est assez que je parte les mains vides, je ne veux pas partir avec, au cœur, la boue des sentiments mortels.

HORN. Oui ! La boue des petits désirs nonchalants, toute cette vermine dans la cervelle de l'homme, la rue, l'assourdissement des petites querelles, les lâchetés de l'épiderme et de l'estomac, ça empuantit le firmament ! Qu'est-ce qu'il croyait ? Que l'on vit un destin d'homme sans patauger dans la bauge des pensées vulgaires.

ACAMAS. Qu'est-ce que vous voulez ?

HORN. La question est qu'est-ce que tu veux, toi ! Mon héros, que veux-tu ?

ACAMAS. Oublier.

HORN. Non, ce que tu veux, ce n'est pas vaincre, ni pardonner, ni comprendre. Ce que tu veux c'est ce poisson, ce poisson d'or à la bouche tordue, ce que tu veux c'est qu'Orion abdique ! L'arrogance de celui qui veut la vie, qui ne cherche pas, qui ne réclame rien, qui n'est là au nom de personne, au nom d'aucune autre douleur, qui n'est coupable de rien et dont le corps... Ah, cette perfection ! Cette perfection de la main qui prend sans hésiter, c'est par la main que l'homme est sorti du paradis !

ACAMAS. Et si je le voulais, oui, si je voulais prendre dans la main même de mon frère ce qui fait son orgueil !

HORN. A cet instant, on ne joue plus ! Tu t'embarques sur mon bateau !

ACAMAS. Il faut bien s'embarquer, non ? Sur un bateau ou un autre...

HORN. Tu auras ce poisson d'or, je le mettrai à sa place, je redresserai ce faux pli de ton destin.

ACAMAS. Est-ce possible ?

HORN. Orion abdiquera, mais il faut être patient.

ACAMAS. Et en échange ?

HORN. Nous en reparlerons.

ACAMAS. Et vous pensez que je signerai ce pacte ?

HORN. Oui, je pense que tu le signeras.

ACAMAS. Pourquoi ?

HORN. Parce que, dramaturgiquement, si tu ne le signes pas, il n'y a rien. Une épopée digne de ce nom commence toujours par un pacte.

ACAMAS. Avec ?

HORN. Pardon ?

ACAMAS. Le pacte ?

HORN. Avec ? Avec le monde bien sûr ! Quoi d'autre ? Notre bateau part à l'aube, quai des Alizés. Il s'appelle le *Regina Pacis*. Tu viendras.

## ———— 17. ————
## aux enfers, vraiment

*La maison vide.*

CIRCÉ. Tu restes là dans le noir, debout dans l'angle. Et la poupée bien serrée sur ton cœur. Horn s'en va et le capitaine, et aussi le marchand de sardines. Alors, je n'ai plus rien. Ils ont dit qu'ils m'emmèneraient, mais tu vois non. Tu ne dis rien.
*(Elle s'avance et découvre le père pendu.)*
Ah non, tu ne dis rien ! C'est cette sangle qui rétrécit ton vocabulaire. Tu me tires la langue, c'est dérisoire. Cette poupée, tu l'étrangles avec tes bras convulsés. Tu vois, cette idée d'une poupée nue qui serait la vérité, c'est une assez belle idée au fond.
Donne-la-moi, ta poupée, je vais l'emporter avec moi. Je lui trouverai toutes sortes de costumes, et elle portera tous les masques, pour être mieux démasquée encore et par des hommes qui ne cherchent qu'à se démasquer eux-mêmes.
Donne. Ah ! Tu es cramponné à cette poupée nue ! Tu ne seras mort vraiment qu'en me la donnant. Voilà. Là, tu es aux enfers, vraiment. Vraiment plus rien. Elle est avec moi, cette poupée, elle est tout ce qui me reste.
Pour les soldats, je t'habille en Clémence avec des chiffons roses, pour les poètes, la panoplie du squelette, et pour les rois un châle de mendiante et une jambe de bois. Et ils te prennent dans leur chambre. Ils tiennent un instant leur horizon, une nuit d'amour avec la poupée, la fiancée du miracle, entrevoyez ce qui depuis toujours murmure à votre oreille.
C'est un veuf qui veut en faire sa femme, c'est une femme qui veut en faire son mari disparu, c'est un révolutionnaire qui l'habille avec son drapeau, c'est un tortionnaire qui l'habille avec sa rédemption, et toute la foule des ignorants qui lui apportent leur costume d'imbécillité. Le

portemanteau du sens. Tu es faite pour vivre nue, poupée, c'est pourquoi tous les costumes te vont.
Adieu.
*(A la poupée.)* Il t'a murmuré quelque chose avant de se pendre ? Dis ? Dis ?
Rien, pas d'épitaphe ? Tu lui as crevé les yeux. Pourquoi ? Qu'elle ne te voie pas mourir ? Qu'elle ne voie plus le monde que par ta mort. Nue et aveuglée. C'est ainsi qu'elle sera. Nue et aveuglée ! Un mot ? Il y a un mot épinglé sur son cœur...
"Sans cesse", cela ne veut rien dire. Sans cesse ?

ORION. Oui, chercher sans cesse.

CIRCÉ. Il est mort.

ORION. Alors l'adieu est dit.

CIRCÉ. Vous connaissez Acamas ?

ORION. C'est mon frère.

CIRCÉ. Il embarque sur le *Regina Pacis* avec une bande d'imbéciles et d'assassins. Peut-être voudra-t-il savoir que son père s'est pendu.
Il part dans une heure.

ORION. Qui êtes-vous ?

CIRCÉ *(montrant la poupée)*. Ça.

ORION. Alors, c'est à cause de vous !

CIRCÉ. A cause de moi, oui, mais ce n'est pas ma faute.

ORION. J'entends.

CIRCÉ. La sépulture ?

ORION. Nous n'avons pas de quoi payer.

CIRCÉ. Je ferai ce qu'il faut.

ORION. Merci.

CIRCÉ. Je veux dire que j'irai pisser sur sa tombe.

ORION. Je crois qu'il ne désirait rien d'autre.

## 18.
## le quai des Alizés

*Le quai.*

ACAMAS. Me voilà, me voilà !

LE CAPITAINE. Elle vous brisera. Vous l'aimerez. Elle vous rendra cruel, imbécile, vide, gris. Elle vous vomira et vous l'aimerez, elle vous dépouillera et vous l'aimerez, elle vous écorchera et vous ridiculisera et vous l'aimerez, vous l'aimerez comme on aime le néant, d'abord par bravade, pour casser un peu du bois de la jeunesse sur son dos, et puis, quand elle aura tout emporté, vraiment, vous l'aimerez parce que vous n'aurez plus rien d'autre à aimer. Et cet amour absurde en vaut un autre.

ACAMAS. C'est ça, pour vous, la mer ?

LE CAPITAINE. La mer ? Ça n'existe pas ! Je parlais de la vie.
Regardez-moi. Je ne suis pas un homme bon. Je ne crois en rien. Et cette plaie-là, cette grande plaie dans ma main droite, c'est moi qui l'ai faite. Je l'ai faite pour m'empêcher d'embarquer. Mais, ce matin, j'ai caché cette main sanglante dans ma poche, et je suis monté une fois de plus sur une prison flottante.

## 19.
## horizon chaste

*Plus loin.*

HORN. Alors, Orion, le sentier est aveugle ?

ORION. J'ai perdu, en quelques heures, un frère, un père et une maîtresse. Je cherche le *Regina Pacis*. Mon frère vient de s'y embarquer.

HORN. Vous connaissez cela ?

ORION. C'est un livre, je ne suis pas un bibliothécaire. Aucun livre jamais n'est capable de nous dire la couleur du fauteuil dans lequel il est lu.

HORN. Savez-vous qui a écrit ce livre ?

ORION. Je m'en contrebalance.

HORN. Même si c'est vous ?

ORION. Moi !

HORN. Ça c'est votre nom !

ORION. Oui, c'est mon nom.

HORN. Ouvrez.

ORION. Qui a édité mes poèmes sans me le dire ?

HORN. Le vent a tous les droits. Vous jetez vos cahiers par-dessus les ponts, les poèmes cherchent des lecteurs quand on fait d'eux des orphelins.

ORION. Mais c'est le monde ! C'est le monde qui fait de mes poèmes des orphelins !

HORN. Vous ne désirez pas connaître l'éditeur ?

ORION. Non.

HORN. Vraiment ? On vous vole vos paroles et cela vous indiffère.

ORION. Je n'ai jamais inventé un mot. Rien de ce que je dis ne m'appartient.

HORN. Alors, oublions.

ORION. Vous pensez qu'il gagne de l'argent ?

HORN. L'argent vous intéresse ?

ORION. Si l'on affirme le monde, on accepte son commerce.

HORN. Et vous désirez empiler une couronne sur la couronne, je veux dire couronner le roi, le monde.

ORION. Oui.

HORN. Vous finirez bouffon d'un marchand de sardines.

ORION. Ce destin en vaut un autre.

HORN. Voudriez-vous connaître votre destin ?

ORION. Cela m'amuserait follement, ne serait-ce que pour le faire mentir.

HORN. Je peux vous dire tout, exactement, en échange…

ORION. En échange ?

HORN. Je voudrais, trois fois rien, ce porte-clefs qui brille à votre revers.

ORION. Ça, non !

HORN. J'ai de l'argent.

ORION. C'est inutile.

HORN. Il y a bien une chose que vous désirez plus ardemment que ce porte-clefs.

ORION. Oui.

HORN. Quoi ?

ORION. Tout.

HORN. Dans ce sac, j'ai presque tout.

ORION. Qu'est-ce qui manque ?

HORN. L'innocence.

ORION. Ça fait une totalité boiteuse ! Je n'achète pas.

HORN. Je n'ai pas dit mon dernier mot. Le *Regina Pacis*, c'est cette pourriture au visage rouillé, là. Tous les marins le connaissent, leurs grands-pères y écopaient déjà, c'est une brute !

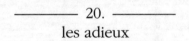

## 20.
## les adieux

*Aux amarres.*

ORION. Acamas, ton père s'est pendu !

ACAMAS. Tout ce qui arrive est adorable, c'est ce qu'il disait !

ORION. Adieu mon frère.

ACAMAS. Rien, jamais, ne m'empêchera de t'aimer.

ORION. Je souffre !

ACAMAS. Ni ce port, ni mon cœur ne sont un mouchoir assez grand pour pleurer la fin de notre jeunesse.

ORION. Alors oublions de pleurer !

ACAMAS. Le monde est à toi, mon frère !

ORION. L'Espérance est à toi !

ACAMAS. Me reste-t-il autre chose ?

*Le bateau quitte le port.*

# II. DIEUX DE JEUNESSE ET D'ARGILE

# 1.

## dieux de jeunesse et d'argile

*Devant la scène.*

HORN. Quoi que j'accomplisse, j'accomplis l'œuvre de Dieu.
N'est-ce pas l'enfer pour l'enfer ?
Mais je peux encore cacher cela à certains, tout est accomplissement de Dieu.

ÉPITAPHE. Et moi qui suis-je ?

HORN. Mort, tu es le dieu perdant !

ÉPITAPHE. Et toi qui es-tu ?

HORN. L'homme qui apporte une solution là où il n'y a pas de problème.

ÉPITAPHE. Où est Espérance ?

HORN. Espérance a les mains couvertes de sang !
Dans un hôpital de guerre soumis aux intempéries de la vertu, elle est là, ce regard vide et cette manière de marcher sur la corde du travail pour qu'aucune question ne la chavire.

ÉPITAPHE. "Ah ! je n'imaginais pas de flétrir ma providence en répondant si ardemment aux intuitions de mon cœur." Dit-elle.

HORN. Et pourtant laver les morts, décourager les vivants ne lui ont pas fait perdre ce regard émerveillé.

ÉPITAPHE. Quel rôle pour toi ?

HORN. Sœur Cantine. Une cantinière. Rôle amusant, grimace de la charité.

ÉPITAPHE. Et Orion qui disait "mon zénith"…

HORN. Je lui ai tendu un piège avec ses poèmes, il frappe à la porte de l'éditeur…

ÉPITAPHE. Et pour toi quel rôle ?

HORN. Un enfant. Un enfant jaloux, c'est beau, ça me va bien.

ÉPITAPHE. Et le voilà déjà corrompu par le cri d'un enfant.

HORN. Cet enfant à qui il jurait ne rien devoir ! Ah ! en parler ce n'était rien ! Mais le voir ! Voir son crâne inquiet soulevé par la fièvre opaque du dégoût. Et entendre cet appel ! Y résisteras-tu, toi, Orion sauvage qui voulais te nourrir d'instants nus ? Il parlait et c'était facile de parler ! Si facile de dire.

ÉPITAPHE. Que l'enfant meure ! Ce n'est pas ma joie de vivre qui le poignarde !

HORN. Mais voilà ! Le visage douloureux qui modestement vient dire "aide-moi !" Orion, vainqueur aux sources du monde ! Voilà les sources de l'homme, boueuses comme la littérature, sanglantes comme le langage, les sources de l'homme, cet "aide-moi" qui pue dans le soir de ton printemps.
Acamas sillonne les mers avec ses mauvais compagnons. On a percé son oreille depuis qu'il a franchi l'équateur et cet anneau d'or brille dans le cachot de son ennui.

ÉPITAPHE. Il s'ennuie !

HORN. Il s'ennuie de connaissance et pas seulement de cette nourriture de papier qui encombre les boiseries de la bibliothèque du quart ! La mer n'a pas voulu l'initier encore à la querelle de son académie.

ÉPITAPHE. "Les tempêtes ont rompu mes bras mais pas mon impatience."

HORN. Qu'il lui soit donné de voir l'heure du désert sur ses déferlantes. Il est temps que je jette sur la table de quoi faire contrepoids à sa vertu !

ÉPITAPHE. Une tempête ?

HORN. Une tempête, oui.

ÉPITAPHE. Et pas seulement de sel !

HORN. On va te faire danser, moussaillon, cette fois ce n'est plus un anneau d'or que je vais frapper à ton oreille ! Cette fois c'est un anneau de plomb dans le nez. Dans mon pâturage, on marque le bétail avec le fer rouge de l'amour !

ÉPITAPHE. Et quel rôle joues-tu ?

HORN. L'armateur comme au premier épisode, je suis rodé. Et à la fin de ce chapitre, nous jouerons les aides de camp, et les utilités.
Cher spectateur, à moi de jouer ! Nous verrons ce que peut la mer sur leurs dieux de jeunesse et d'argile !

## ——— 2. ———
## un roi sur sa nef

*Sur le* Regina Pacis, *en pleine tempête.*
*Le capitaine tient le pèlerin en joue.*

ACAMAS. Fermez les yeux.

LE CAPITAINE. Pur givre sur les cœurs, la loi de la mer ne sait qu'absoudre ou tuer.

ACAMAS. Alors, fermez les yeux.

LE CAPITAINE. Ils connaissaient le risque. Ils ne réclament pas la moindre indulgence.

ACAMAS. Moi je réclame pour eux cette indulgence, absente des lois maritimes.

LE CAPITAINE. Sur ma nef, mon plaisir est roi, mon plaisir d'être roi est une nef. Les clandestins seront jetés à la mer.

SOURCEVAINE. La séance est levée ! La tempête est moins dangereuse que la clémence galvaudée.

ACAMAS. Qu'en pensez-vous, Horn ?

HORN. Qu'est-ce qui les attire tant dans notre monde désenchanté ? Putride Occident qui se parfume avec la sève des bois rouges ! Tous nos poètes le chantent comme un jardin d'affliction mais toujours ces mendiants dans nos cales ! Jetez-les à la baille, leurs habits luisants de pauvreté me donnent le mal de mer.

ACAMAS. Je parlerai pour eux.
Il faut que je parle pour eux. Ils disent qu'ils ne réclament rien. Rien que le droit d'aller au pied d'une croix où l'on a martyrisé leurs fils. Ce n'est pas la route de l'or, mais le chemin du sépulcre, qui ne doit pas leur être fermé. Et c'est peut-être assez qu'ils soient la mauvaise conscience de notre temps pour les accompagner à bon port.

LE CAPITAINE. Acamas, occupez-vous d'écoper l'eau de la soute, la pompe est grippée. Le navire prend de la gîte !
Et laissez-nous écoper la mauvaise conscience du siècle. Chacun ses talents.

ACAMAS. Je ne vous laisserai pas faire.

SOURCEVAINE. Nous avons un idéal, ne l'oubliez pas ! La cargaison.
Il y a dans ce bateau toutes les machines extravagantes et luxueuses qui nous permettront de construire notre fabrique de boîtes de sardines en Cimérie. Et aussi les mille premières boîtes de nos sardines qui réuniront les fonds nécessaires pour créer un temple de la sardine à l'huile ; le travail et la boîte de conserve sortiront la Cimérie de ses brumes mortifères.

ACAMAS. Les clandestins ne mettent pas en péril la cargaison.

LE CAPITAINE. Les douanes sont susceptibles, des papillons enivrés !

HORN. On pourrait nous accuser de complicité. Et confisquer toutes les sardines avec l'espoir d'une aube nouvelle pour les travailleurs de bonne volonté. Adieu Cimérie rieuse !

SOURCEVAINE. Ne plaisantez pas !

ACAMAS. J'en prends la responsabilité.

LE CAPITAINE. Nous avons besoin de vous pour écoper l'eau qui envahit les cales, c'est là toute votre responsabilité. Laissez votre éloquence dans son étui et retroussez vos manches. Nous prenons l'eau, voilà votre seul cas de conscience. La mort en mer est assez douce s'ils ne savent pas nager.

HORN. Vous savez nager ?

LE PÈLERIN. Oui.

HORN. Il dit oui. C'est pour qu'on lui tire une balle dans la tête avant de le pousser par-dessus bord.

SOURCEVAINE. Au prix des munitions, pourquoi pas un enterrement en fanfare !

LE CAPITAINE. On fera plus artisanal, les mains liées dans le dos et hop !

HORN. Sourcevaine vomit !

SOURCEVAINE. Le mal de mer. Ne mélangez pas ma conscience et ma bile, je suis un grand garçon, j'ai vu d'autres poignets coupés. Et puis j'ai mon idéal. Chaque fois que j'écrase les doigts de mes frères cramponnés à la falaise – non, ce petit bruit d'os ne me plaît pas à moi non plus –, je pense à ma sardine, le matin d'équité et de miséricorde que ma sardine fera lever sur le monde des affamés.

ACAMAS. Je les rachète avec ma solde.
Réfléchissez, Sourcevaine, un an de solde !

LE CAPITAINE. Il est mordu !
Bon, ils sont à vous.

HORN. Treize clandestins, douze mois de solde, ça ne colle pas !

LE CAPITAINE. Vous pouvez vous en offrir douze, choisissez vous-même le treizième pour les requins.

SOURCEVAINE. Et qui les nourrira ? Il n'est pas question de toucher aux boîtes ! Les boîtes sont sacrées, elles sont l'Arche d'Alliance d'une cité nouvelle !

HORN. La tempête le rend mystique !

LE CAPITAINE. Alors choisissez et qu'on en finisse.

ACAMAS. Je le joue aux dés.

HORN. Qui ?

ACAMAS. Le treizième.

HORN. Bien.

ACAMAS (*il lance les dés*). Deux et deux !

*Horn lance les dés.*

SOURCEVAINE. Un un et un deux. Ah zut ! Vous auriez pu mieux les chauffer aussi !

LE CAPITAINE. Il est à vous.

LE PÈLERIN. Imbécile !


———— 3. ————

## offense au désespoir

*Un hôpital dans une ville en feu. Loyal, le chirurgien, écoute Espérance.*

ESPÉRANCE. Je suis cette ténèbre bleue qui avance en mesurant ses pas à travers les arbres décapités du parc de l'hôpital.

Je suis ce nuage blanc au-dessus de la ville en deuil.

Je suis cette plainte éloignée des camions à bestiaux avec leurs bâches qui claquent au vent.

Je suis cet étendard involontaire d'un rideau qui pend par la fenêtre d'une chambre éventrée.

Je suis la nausée de ces sentinelles assises dans la boue qui se partagent un mégot.

Je suis cette cendre mêlée de pluie aux porches des hôtels fermés.

Je suis cet œil d'un trou de mortier au mur de la vieille église.

Je suis la robe parme de cette femme essoufflée sous l'auvent.

Je suis cet arbre fruitier intempestif et ricanant, je suis chacun de ses fruits, et le verjus et la pourriture et l'âcre, je suis cette tombe forcée dans le givre et la croix de bois.

Je suis cela.

Je suis tout cela et je suis le vol de ces oiseaux qui s'enfuient vers le noir... Je suis le vol de ces oiseaux cruels ! Eloquence et cruauté dans leur foule rassemblée d'un cri ! Moi aussi, je crie à la halte des cimes pour rallier les forces de la nature à mon devenir, je suis le vol de ces oiseaux...

LOYAL. Je vous ai donné la plus odieuse des tâches, décider de l'ordre d'urgence pour opérer les blessés. Mais quand je vous ai vue marquer avec votre feutre rouge le front de ces blessés en souriant, j'ai su que vous me seriez toujours étrangère.

ESPÉRANCE. Je ne comprends pas. Vous avez besoin de repos.

LOYAL. Vos plumes ne seront jamais tachées.
Vous souriez. Nous sommes quoi pour vous ? Les barreaux d'une échelle ? C'est mal. C'est mal d'utiliser ce dispensaire et ces blessés pour votre pari.

ESPÉRANCE. Quel pari ?

LOYAL. Ce bras de fer avec vous-même. Moi, je m'appelle Loyal.
Sans espoir de retrouver l'estime de moi que j'ai perdue... quand déjà ?...
A l'âge sinistre des fleurs.

ESPÉRANCE. Ma présence est une offense ?
Cette prière était une offense ? Chacun de mes sourires offense votre vocation ? Pardonnez-moi. Mais je veux rester ici. Je joue à être là, oui. C'est vrai. C'est mal ? Non je ne crois pas, pas plus mal que...

LOYAL. Que de désespérer la jeunesse.

ESPÉRANCE. Je ne vous juge pas.

LOYAL. C'est banal, vous savez, la douleur et la mort, c'est banal, ce n'est pas un oratorio que je joue avec mes instruments en aluminium ! C'est banal. Aimez-les pour ce qu'ils sont, c'est horrible de faire ça, voir à travers eux le visage de...

ESPÉRANCE. ... Du Christ ?

LOYAL. Disons ça.

ESPÉRANCE. Vous n'aurez pas à vous laver les dents, c'est moi qui l'ai nommé.

LOYAL. La douleur de l'autre n'est pas une étoile sur laquelle régler votre course. Soyez honnête avec la vie. Cherchez le bonheur. J'ai encore trois heures devant moi. Je sauverai cinq blessés, mettons six, choisissez-les !

*Horn habillé en sœur Cantine apporte une marmite de soupe.*

SŒUR CANTINE [HORN]. La soupe ! Cessez de fouiller votre âme et allez tourner ma soupe !

ESPÉRANCE. Tenez c'est mon miroir, brisez-le.

LOYAL. Je ne veux pas.

ESPÉRANCE. Je vous le demande.
*(Elle le brise.)*
Là ! Je range les morceaux brisés au pied de ce mur. Les morceaux brisés de mon miroir. Est-ce assez pour payer ma présence ?

LOYAL. Je vous aime.

──────── 4. ────────
## rien ne peut l'égayer

*Chez Cobalt, l'éditeur.*

L'ÉDITEUR COBALT. Qu'espérez-vous ?

ORION. L'argent, quoi d'autre ?

L'ÉDITEUR COBALT. J'ai vendu un nombre raisonnable d'exemplaires. Vous aurez l'argent de vos poèmes. L'argent vous plaît ?

ORION. Evidemment.

L'ÉDITEUR COBALT. De nombreux artistes ont vécu dans cette maison. L'argent, l'argent, c'est tout ce qu'ils savaient dire.

ORION. Que voulez-vous que ces poèmes me donnent d'autre ? Je suis le seul qui ne peut pas les lire. Combien ?

L'ÉDITEUR COBALT. Une petite somme. Qu'en ferez-vous ?

ORION. Luxe et luxure ! Vite gagné, mal dépensé !

L'ÉDITEUR COBALT. Je voudrais vous faire rencontrer mon fils. Voulez-vous des exemplaires de votre petit livre bleu ? Je crois que c'est le destin qui a poussé ces feuillets jusque sous ma fenêtre. Mon fils est malade, sa maladie est celle de tous les enfants du siècle.

ORION. Moi ?

L'ÉDITEUR COBALT. Non, vous n'êtes pas atteint. Vous, vous êtes l'antidote.

ORION. Et quelle est cette maladie ?

L'ÉDITEUR COBALT. Le dégoût.

ORION. Quel âge a-t-il ?

L'ÉDITEUR COBALT. C'est un enfant précoce en matière de dégoût. Il est même une sorte de Mozart de l'écœurement. Mon fils a tué sa mère en naissant, ce doit être la cause… ou bien ces habitations neuves qu'on a construites en contrebas du parc. Mais pourquoi chercher une raison, une âme d'enfant est toujours le miroir du monde. Et le monde…

ORION. Et le monde est comme au premier jour, beau et cruel !

L'ÉDITEUR COBALT. Jamais l'homme, non, à aucun autre moment de l'histoire, jamais l'homme n'a eu conscience plus noire de son époque, les rois mentent et les enfants meurent…

ORION. Ce que je vois, moi, c'est que rien ne décourage les tempêtes salubres. Et j'aime ça, le grand vent éloquent qui purifie l'encombrement des villes.

L'ÉDITEUR COBALT. Ce sera un beau bras de fer.

ORION. Quoi ?

L'ÉDITEUR COBALT. Son agonie et votre sifflotement.

ORION. Mon poème ?

L'ÉDITEUR COBALT. Oui, que vous faut-il pour que votre parole soit efficace ?

ORION. Qu'elle soit entendue.

L'ÉDITEUR COBALT. Pauvre poète, tu es à la merci d'un enfant. Dites-lui surtout, dites-lui avant toute chose que sa mort vous indiffère.

ORION. Sa mort m'indiffère autant que l'impiété du siècle. Tout cela ne fait pas moisir la joie de ma solde !

*Il sort un costume d'un placard.*

L'ÉDITEUR COBALT. Voici un costume neuf. Tenez, mettez ça. Changez-vous.

ORION. Bien ! Je voudrais un musicien à demeure, et une jeune fille, si possible vierge, je ne la déflorerai pas, je me contenterai de la flairer.

*Entre Horn habillé en Cyrus.*

L'ÉDITEUR COBALT. Voici l'interprète.
Mon fils a été élevé avec cet enfant et lui seul le comprend.

ORION. Et mon argent ?

CYRUS [HORN]. Cyrus, l'interprète. "Ils ne savent plus enterrer les morts ! Ils n'offrent pas de colliers précieux, ils n'enferment pas sous la pierre les suivantes et les prostituées sacrées, ils ne mettent pas de pièces d'or sur leurs yeux, ils les lavent, c'est tout. Et pour eux le temps du voyage ne compte pas."

L'ÉDITEUR COBALT. C'est ce qu'il a dit aujourd'hui ?

ORION. A chacun sa lyre !
Et vous, arbitre de ce combat ! L'étincelle et la nuit dans une chambre tendue de vert cyanure. J'accepte le jeu, mais trouvez la fille et la musique, et aussi des oursins.

CYRUS. Des oursins ?

L'ÉDITEUR COBALT. Saveurs des abysses, vous reviendrez sur les lèvres de l'enfant mourant.

*Il sort.*

ORION. Je suis impatient de le connaître.

CYRUS [HORN]. Laissez-moi vous conduire.

ORION. Quel âge as-tu ?

CYRUS [HORN]. Il me bat.

ORION. Qui ?

CYRUS [HORN]. L'éditeur Cobalt, son père.
Il me bat parce que je suis le messager de la mort. Vous me battrez aussi.
Mais j'aime mon frère. J'aimerai mon frère jusqu'à… il faut subir.

ORION. Il parle par signes.

CYRUS [HORN]. Oui, signes et murmures…

ORION. Tu penses que je peux le sauver ?

CYRUS [HORN]. Vos poèmes, vos poèmes le rendent heureux. Mais ce
ne sont que des mots. Il faudrait que votre présence soit un poème…

ORION. Je vais me parfumer.

CYRUS [HORN]. Il préférera chez vous l'odeur fiévreuse du voyage.
Regardez.

*Cyrus relève sa manche.*

ORION. C'est l'éditeur ?

CYRUS [HORN]. Oui. L'éditeur m'a fait ça avec un pique-feu.

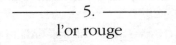

## 5.
## l'or rouge

*Sur le* Regina Pacis, *dans la cale.*

LE PÈLERIN. Imbécile !

ACAMAS. Merci de votre gratitude !

LE PÈLERIN. Imbécile !

ACAMAS. Qui êtes-vous ?

LE PÈLERIN. Imbécile !
Ils jouent l'étonnement, mais c'est eux qui nous ont embarqués ! Et ce
voyage nous a déjà coûté très cher. Mais il fallait être là. Au cœur de
leur abjection. Oui, il faut être là. Ils auront votre solde en plus.

ACAMAS. Ils savaient que vous étiez sur le bateau ?

LE PÈLERIN. Imbécile, croyez-vous qu'ils fassent commerce de sardines en boîte ?

ACAMAS. Ils font commerce de tout.

LE PÈLERIN. Principalement de désespoir ! Le port de Tanger est une mine d'or de destins brisés. L'or rouge, celui de demain, celui qui fera chauffer la grande marmite des civilisations fières, l'or rouge, énergie vieille et inusable, combustible des fêtes princières, ciment des palais, pétrole fumant des lampes du progrès. Eternel, celui-là, quand tous les ors auront pâli.

ACAMAS. L'or rouge ?

LE PÈLERIN. La souffrance de l'autre, cher sauveur. La souffrance de l'autre est la seule ressource qui puisse sauver vos empires ! C'est vieux, mais c'est beau, c'est cruel, mais c'est beau, l'or rouge. Oh ce regard, cher petit enfant dans la tempête, ce regard ! L'or rouge est celui qui coule sans fin des mains de mon fils !

ACAMAS. Ils vous débarqueront à Gibraltar probablement.

LE PÈLERIN. Non, je connais leur jeu.
Ils font un tour de piste et nous abandonnent à quelque crique du port de Tanger où ils nous ont embarqués ; de là d'autres vaisseaux nous attacheront à leur manège. Je savais tout cela. Et j'ai payé pourtant. Avec mes frères, nous avons payé. Sans espoir d'atteindre d'autres destinations que le point de départ. Mais…

ACAMAS. Mais…

LE PÈLERIN. Mais il faut être là.
Là où nos fils ont souffert.
Nous voulons connaître les filières de l'or rouge. Car nos fils sont quelque part dans ces veines de feu. Quelque part n'osant revenir au pays, quelque part dans l'impasse de leur honte. Et nous devons, avant de mourir, leur demander pardon.

ACAMAS. Vous.

LE PÈLERIN. Oui, nous. Les complices ! Nous qui les avons poussés à partir.

ACAMAS. Vous ne savez pas où est votre fils ?

LE PÈLERIN. Je suis parti et je refais son chemin. Mais je ne cherche pas de condition meilleure, je le cherche lui. Vous ne comprenez pas ?

Il est là. Sur ce bateau. Nous sommes treize pèlerins en quête de treize fils dont nous n'avons plus de nouvelles depuis treize ans.

ACAMAS. Je vous aiderai à retrouver votre fils.

LE PÈLERIN. Mais je n'ai aucun espoir de retrouver mon fils ! Retirez ce masque imbécile, ce masque à trois sous pour un carnaval de la charité. Il défigure ce beau jeune visage guerrier... Mon fils ? Un cadavre sous la dalle d'une esplanade, un gibier disputé aux abysses, cette trace de dents contre le cadenas de la soute.
Taisez-vous. Je n'avais pas d'espoir en l'envoyant chercher fortune et je n'ai pas non plus l'espoir de le revoir. J'expie. Je suis sur le lieu de son calvaire. C'est assez. C'est assez de bénédiction, une sourdine à mon remords.

ACAMAS. Qui vous rendra l'espoir ?

LE PÈLERIN. Ne faites pas un fardeau trop lourd à votre jeunesse. Demain, une autre ville de lumière vous éblouira. Regardez ces terrasses de marbre chargées de femmes neuves ! Toutes ces statues dont le front réclame vos fleurs et l'épée joyeuse qui réclame la chair parfumée. Laissez-moi descendre, ma ténèbre vous vomit, vous m'oublierez.

ACAMAS. Je suis Acamas. On m'a célébré dès l'enfance parce que mes sourcils étaient joints. Ce n'est pas la fortune que je suis venu réclamer sur la mer.

LE PÈLERIN. Il faut m'oublier ! Il y a ce devoir-là ! Ce grand beau devoir d'insouciance et de jeunesse ! La vie ! Va apitoyer ailleurs ta verdeur ! La vie ! La pitié n'est pas une créancière digne de tes sourcils... mais jouir !

ACAMAS. Non.

LE PÈLERIN. Non ?

ACAMAS. Non.


————— 6. —————

## un chiffre sur le front

*L'hôpital. Espérance marque l'aveugle au front.*

L'AVEUGLE IMPRÉCATEUR. Quel chiffre avez-vous écrit sur mon front ?

ESPÉRANCE. Demandez qu'on vous le lise.

L'AVEUGLE IMPRÉCATEUR. Le dernier des chiffres ? Trois, quatre, cinq… Nous avons des dossiers qui nous suivent ? Ceux qui pourront encore servir, on les sauve, mais les autres… Un musicien aveugle !

ESPÉRANCE. Votre cas n'est pas désespéré, j'ai écrit "un", vous serez parmi les sauvés.

L'AVEUGLE IMPRÉCATEUR. Et quand vous écrivez "quatre" ou "cinq", l'homme n'a plus qu'à attendre la mort. Il demande à son frère de misère : "Qu'est-ce qu'elle a écrit sur mon front ?" La petite reine de ma destinée trotte au loin, déjà loin, elle marque d'autres fronts de son signe vicieux, elle pose à peine le pied sur le monde, à peine le pied sur votre cœur…

ESPÉRANCE. Je ne suis pas bonne. Je suis venue ici pour m'approcher de la haute douleur. Je vous vois gémir, le chiffre atroce marqué sur le front, le chiffre qui dit : "Rien à faire, sauvez plutôt celui-ci." Je vous trouve si proches de Dieu, si proches de Dieu que je vous jalouse. Cette pensée est-elle abjecte ?

L'AVEUGLE IMPRÉCATEUR. Pour certains elle le serait. Mais moi, qu'est-ce que je suis ? Une ardoise, vous écrivez un chiffre, Dieu l'efface.

SŒUR CANTINE [HORN]. Taisez-vous ! Je n'entends plus ma soupe qui clapote. Ça vous écœure ? Allez vous occuper de ma friture, vous les désespérez avec vos paroles étranges. Tout en vous les désespère, votre jeunesse et vos paroles. Et aussi cette façon de voir en eux plus qu'ils ne sont. Vous les vénérez, vous vénérez leur souffrance et croyez-vous que ça les console ?

*Espérance sort. A l'aveugle.*

Elle a menti. Elle a écrit "cinq" sur votre front.

L'AVEUGLE IMPRÉCATEUR. Elle a le droit.

SŒUR CANTINE [HORN]. Cessez de l'aimer. Cessez de l'aimer, la mort vous sera moins amère.

L'AVEUGLE IMPRÉCATEUR. La mort ! La mort ! Vertu du grand froid. Qu'elle revienne et m'arrache le cœur. Espérance ! Espérance !

*Circé est entrée. Elle est enceinte de neuf mois. La poupée est avec elle.*

SŒUR CANTINE [HORN]. Qui êtes-vous ?

CIRCÉ. La poupée du scandale, on a besoin de mes services. Eh ! l'aveugle ! Ça te dirait d'avoir une poupée pour cercueil ? Tiens, je te la donne pour rien, plus elle est salie et plus elle a de la valeur. La ville est en flammes, il faut que je me débarrasse de ça.

SŒUR CANTINE [HORN]. Quoi ça ?

CIRCÉ. L'enfant vient.

SŒUR CANTINE [HORN]. Et le père ?

CIRCÉ. Le père ? Je suppose que c'est Horn. Les autres ne déchargeaient que sur la poupée.

L'AVEUGLE IMPRÉCATEUR. Elle pue.

CIRCÉ. C'est cette odeur qui leur plaît, si tu ne la veux pas, je la reprends. Elle porte l'odeur de tous ceux qui l'ont touchée. Qu'est-ce que tu crois qu'ils désirent ? Ils désirent ce que les autres désirent et se lassent de la même manière. Le travail a commencé.

SŒUR CANTINE [HORN]. Avec un peu de chance, nous aurons un mort-né.

L'AVEUGLE IMPRÉCATEUR. Ou aveugle.

CIRCÉ. Le fils de Horn ne naîtra pas à demi. Croyez-moi.

*Espérance revient.*

LOYAL. Un camion vient de déverser quelques dizaines de blessés dans la cour. Le plus vieux n'a pas dix-huit ans.

L'AVEUGLE IMPRÉCATEUR *(sur la poupée)*. Ah ! Espérance, chère et tendre petite fleur, viens, viens lécher cette plaie ! Un jet de pus au visage et c'est tout le tabernacle de l'ignominie qui rouvre sa messe !

CIRCÉ. Aime-la, elle te le rendra bien. En monnaie de douleur.

SŒUR CANTINE [HORN]. Vous n'espérez pas accoucher ici. Nous n'avons pas assez de bras.

CIRCÉ. J'accoucherai là. Je suis habituée à la douleur.

SŒUR CANTINE [HORN]. Cette poupée ! Je te la rendrai si tu manges ta soupe.

ESPÉRANCE. A vous de les marquer au visage.

SŒUR CANTINE [HORN]. Vous n'avez plus de force ?

ESPÉRANCE. Non. Je leur épinglerais à tous le chiffre "cinq" pour laisser dormir Loyal.

Tirer pour quelques heures le grand rideau de la fatalité et dormir à l'ombre du malheur !

CIRCÉ. Donnez-moi quelque chose à mordre. La bête est grosse.

*Entre Loyal.*

LOYAL. Tu dors ? En venant ici, tu n'as pas apporté la clémence. Tu as apporté un surcroît de douleur. Parce qu'on t'aime. Nous ne voulions pas de lumière dans notre tombe. Ton visage qui dort me rappelle celui de mon frère. Tu as réveillé en moi un ancien remords. Pars, avec la vie.

*Il sort.*

L'AVEUGLE IMPRÉCATEUR. Espérance, tu me donneras à manger, et je sentirai cette main froide sur ma nuque, ce sera doux, un sabre dans l'eau claire !

SŒUR CANTINE [HORN]. La soupe ! La soupe, gardienne des âmes !

*Au moment où Espérance approche la cuillère de la bouche de l'aveugle, il la rejette. Et frappe désespérément Espérance.*

L'AVEUGLE IMPRÉCATEUR. Ah ! elle rit, elle rit de ma souffrance, elle rit parce qu'elle est la beauté et qu'elle ne peut pas chavirer avec moi dans la boue ! Elle rit.

SŒUR CANTINE [HORN]. Vous n'êtes pas très au courant des coutumes du pays !

ESPÉRANCE. Qu'est-ce que j'ai fait ?

SŒUR CANTINE [HORN]. Il y a des objets proscrits dans ce pays, depuis qu'un député nationaliste est monté à la tribune et a exhorté les jeunes gens à vider le pays avec ça !

*Elle montre la cuillère.*

ESPÉRANCE. Je ne comprends pas.

SŒUR CANTINE [HORN]. C'est avec ça que les rebelles énucléaient les paysans musulmans.

ESPÉRANCE. C'est vous qui me l'avez mise en main.

SŒUR CANTINE [HORN]. Pour tourner la soupe, tourner, pas la lui mettre en bouche, tout le monde sait ça !

CIRCÉ. Sors de mon ventre ! Sors de mon ventre ! Une bête est là qui regarde entre mes jambes. Elle bave. Elle attend que j'aie rejeté l'enfant pour le dévorer, je crois que c'est ce qu'elle attend.

## ───── 7. ─────
### un visage de cire

*Dans la chambre de l'enfant mourant.*

CYRUS [HORN]. Il dort. Vous entendez ? A peine un souffle. Soie froissée, j'entends coudre son suaire, à peine un souffle.

L'ÉDITEUR COBALT. Je vous laisse seul avec mon fils, notre dernier espoir.

CYRUS [HORN]. Il suffirait qu'on lui montre la vie à l'œuvre, mais tout est si sombre ici. Faut-il ouvrir les rideaux ?

ORION. Oui, oui ! Laissez entrer la poussière et laissez entrer la douleur et le bruit.

L'ÉDITEUR COBALT *(désignant l'enfant).* Il me hait.

CYRUS [HORN]. Je ne crois pas.
Approchez-vous !
Votre odeur d'homme hante déjà ce songe douloureux. La mort vogue au gré de son haleine. Votre voix, il a dû l'entendre aussi. Elle entre dans le temple.

ORION. Un temple ?

CYRUS [HORN]. Oui, il dit cela souvent. Il dit : "Ne renversez pas les urnes ! Ne brisez pas la lampe ! Ne déchirez pas le voile !"

ORION. Ça ne veut rien dire.

CYRUS [HORN]. Le temple, c'est cette façon de faire piétiner le monde à la porte de son dégoût.
Il sait tout. Tout du monde comme il va.

ORION. Comment le sait-il ?

CYRUS [HORN]. Comment ne le saurait-il pas ? Le mal est partout. Le mal, cette lassitude de l'homme à l'égard de l'homme.

ORION. Réveille-le.

CYRUS [HORN]. Non.

ORION. Où est la cuisine ?

L'ÉDITEUR COBALT. La cuisine ?

*Orion sort.*

CYRUS [HORN]. Il n'est pas tel que je l'imaginais.

L'ÉDITEUR COBALT. Non ?

CYRUS [HORN]. Il a l'air bête.

*Orion revient avec deux casseroles et les frappe l'une contre l'autre.*

ORION. Ah ! tu entends ! Tu entends !

L'ÉDITEUR COBALT. Arrêtez !

ORION. Vous voulez le sauver vraiment ? Alors tenez, prenez ces casseroles et frappez vous-même ! Allez !
Debout le mort ! La première leçon est l'impatience, et je suis impatient. Si tu ne donnes pas au plus vite signe de vie, je pars !

CYRUS [HORN]. Il s'éveille ! Il murmure !
Il dit : "Non, ne venez pas troubler mon lac ! Mon lac ! Ce miroir absent ! Je suis un réquisitoire contre le monde. Il faut qu'un enfant meure et couse d'une main mon linceul et de l'autre leur bouche d'impiété. Ils poursuivent sans fin des lucioles venimeuses ! Il n'y a pas d'autre parole que mon agonie, non."

ORION. Tu aimes donc tant que cela la mort !

CYRUS [HORN] *(rapportant les paroles de l'enfant)*. Je n'aime pas la mort. Mais vivre ainsi dans le monde éteint, non je n'en ai pas la force.

ORION. Le monde brille, chaque jour le scandale nouveau essuie ses bottes sur un paillasson d'ambre !

CYRUS [HORN]. J'aime vos poèmes, mais je n'y crois pas. Il n'y a rien en moi qui y ressemble. Ils sont la verroterie joyeuse avec laquelle on achetait les Indiens.

ORION. Non, je n'ai pas fait cela. J'ai écrit un "éclair", parce qu'il y avait un éclair.

CYRUS [HORN]. Pas pour moi.

ORION. Vois-tu ce poisson d'or ?

CYRUS [HORN]. Oui.

ORION. Je le vois, tu le vois. Il n'est pas une illusion. Il brille dans la chambre éteinte ! Cyrus le voit, ton père le voit. Ainsi de certains sentiments. Ils sont. Et si je les ressens, tu les ressentiras aussi !

CYRUS [HORN]. Il s'est endormi ; il voudrait vous croire.

ORION. Que son visage est blanc, de la cire, baigné de larmes, de la cire, horriblement !

———— 8. ————

## un idéal endommagé

*Le* Regina Pacis. *Toujours la tempête.*

SOURCEVAINE. On a volé deux boîtes de sardines !

HORN. Comment le savez-vous ?

SOURCEVAINE. Je n'arrive pas à dormir, alors je compte !

HORN. C'est abominable.

SOURCEVAINE. Tout le monde est malade mais eux, les parasites, ont encore l'estomac à voler mes chères petites.

LE CAPITAINE *(il entre en poussant le pèlerin devant lui).* Dis-le, dis-le que tu as volé les sardines ou je jette par-dessus bord un de tes semblables.

LE PÈLERIN. C'est vrai.

SOURCEVAINE. Je triomphe ! Ah, je meurs !

*Il vomit.*

LE CAPITAINE. Dans une centaine de tempêtes, vous serez vacciné, moi rien ne me tourne le cœur, ni les éléments ni l'abjection. Je me suis amariné aux choses extrêmes, l'extrême bêtise et l'extrême laideur, je navigue là-dessus comme sur un lac.

SOURCEVAINE *(au pèlerin).* Va nettoyer ! Tu m'as rendu malade avec ta trahison.

HORN. Pourquoi ne se révolte-t-il pas ? Il est au fond très rare que l'homme se révolte.
Quand il est humilié, il aurait plutôt tendance à avoir honte. Qu'est-ce que tu penses de ce que je viens de dire ?

LE PÈLERIN. C'est justement observé.

HORN. Et pas de limite à cet ouragan. Avilir, avilir, avilir !

*Il crache sur le pèlerin.*

SOURCEVAINE. Là, ici ! Frotte bien. Tu n'as pas assez bien frotté. Tu ne sais pas l'ampleur de ton geste. Ce n'est pas une boîte de sardines que tu as volée, c'est un peu de l'horizon de tes frères. Tu as endommagé une utopie.
Je vais te lire le manifeste de la sardine pendant que tu essuies :
"Manifeste de la sardine.
Ils produiront des sardines et mangeront des sardines, les sardines leur rempliront l'estomac et leur rempliront le cœur. Car la sardine était le festin des dieux. Chaque fois qu'ils emballeront une nouvelle boîte de sardines, ils feront le signe de se serrer leur propre main, car chaque boîte de sardines est une main tendue des pauvres vers d'autres encore plus pauvres..." Je n'ai pas fini de l'écrire.

HORN (*regardant le pèlerin*). Il a l'œil moqueur. Il s'humilie mais l'œil est moqueur. La vase en surface et dessous l'eau lustrale.

ACAMAS (*au pèlerin*). Relevez-vous.

SOURCEVAINE. Ah, je vous en prie ! Vous n'allez pas encore prendre sa défense ! De quel côté êtes-vous à la fin ? Il a... Il a volé des boîtes de sardines, il a nourri les impies avec le blé à semer. Pourquoi croyez-vous qu'ils quittent leur pays ? Pour le profit ! Le profit !

ACAMAS. C'est moi qui ai mangé les sardines.

SOURCEVAINE. Pour quelle raison ? La cantine ne vous donne pas assez ?

ACAMAS. Pour la bonne raison que j'en raffole !

SOURCEVAINE. Ah ! très bien !

LE PÈLERIN. Imbécile !

HORN. Il vous insulte !

ACAMAS. Il m'honore.

SOURCEVAINE. Alors si vous les aimez, permettez-moi de vous en offrir une belle assiette pleine et vous la mangerez devant nous, ce sera le gage.

ACAMAS. J'ai l'eau à la bouche.

LE CAPITAINE. Vous plierez. La jeunesse, c'est le roseau de la fable, plier pour vivre.

ACAMAS. Vivre ce n'est pas un rêve de jeunesse.

*Il s'attable et mange.*

SOURCEVAINE. Alors, comment sont-elles ?

ACAMAS. Comme vous.

SOURCEVAINE. Merci.
*(A part.)*
Je les ai accommodées à l'huile de ricin.

LE CAPITAINE. Ça rappelle le bon vieux temps !

HORN. Je trouve qu'il résiste magnifiquement.

SOURCEVAINE. Son père, à côté, quel petit jeu !

LE CAPITAINE. Votre idée des sardines volées ! Je vais m'occuper des pompes.

HORN. Il faut le pousser au sacrifice total.

SOURCEVAINE. Je ne comprends pas.

HORN. J'ai fait un trou dans la coque.

SOURCEVAINE. Vous êtes fou !

HORN. Vous êtes ennuyeux et vos conserves puent et vous aussi vous puez la sardine.

SOURCEVAINE. C'est faux ! Je mets de la violette !

HORN. Le sacrifice total. Tant qu'il raisonne, tant qu'il est maître de lui… C'est son corps qui le trahira. Il est vert et le bois vert brûle mal quand vient l'heure du grand holocauste !

SOURCEVAINE. Je ne comprends rien. Nous allons couler, dites ?

*Le capitaine revient.*

LE CAPITAINE. Mes chers amis, nous avons dû heurter une épave flottante.
Selon la tradition, l'armateur et le capitaine quitteront le navire en dernier. Nous n'avons qu'une chaloupe. Il n'est peut-être pas utile d'être si scrupuleux avec la tradition.

HORN. Je suppose que vous resterez aussi longtemps que possible au chevet de vos chères petites.

SOURCEVAINE. Vous êtes fou ! Qu'est-ce que j'en ai à faire de ces conserves puantes !
*(A Acamas.)*
Et vous !

## ———— 9. ————
## déjà coupable

*L'enfant de Circé est au monde.*
*L'hôpital.*

ESPÉRANCE. Le voilà. Un enfant comme les autres.

L'AVEUGLE IMPRÉCATEUR. Un traître ou une putain ?

SŒUR CANTINE [HORN]. Je crois que c'est un mâle.

L'AVEUGLE IMPRÉCATEUR. Tant pis pour lui.

SŒUR CANTINE [HORN]. Il est né.

CIRCÉ. Le salaud m'a fait mal. Encore plus mal que tous les salauds que j'ai connus. Qu'est-ce que vous avez à le regarder comme ça ? Vous n'avez jamais vu quelqu'un naître à contretemps ?

ESPÉRANCE. Pas à ce point.

SŒUR CANTINE [HORN]. Il est déjà coupable.

ESPÉRANCE. Je ne comprends pas.

SŒUR CANTINE [HORN]. En aidant cet enfant à naître, vous avez manqué à Loyal. L'amputation du blessé s'est mal passée. Loyal a sectionné l'artère. L'homme est mort. Alors petit criminel, veux-tu savoir le nom de ta première victime ?

CIRCÉ. Donnez-moi à boire et faites-la taire.

ESPÉRANCE. Sortez !
Elle ment.

LOYAL. Non, elle ne ment pas.

CIRCÉ. Coupable, oui.

SŒUR CANTINE [HORN]. Thomas, dix-sept ans, voici sa photographie.

LOYAL. Oui, je l'ai tué, par maladresse. Comme j'ai tué mon frère.

SŒUR CANTINE [HORN]. Et à cause de cet enfant que vous avez aidé à venir au monde.

ESPÉRANCE. Il est innocent ! Il est innocent ! La neige ! La neige ! La neige sur les tombes est innocente !


———— 10. ————
## le royaume de l'oursin

*La chambre de l'enfant.*

CYRUS [HORN]. C'est donc un théâtre.

ORION. Le mot ne m'était pas venu à l'esprit. Mais cet éclair de joie...

CYRUS [HORN] *(il rapporte)*. Il dit "poignard de joie".

ORION. C'est cela, oui, ce poignard de joie revient à sa plaie coutumière, là, à certains moments très rares. Il faut pour cela une machinerie vraiment subtile.

CYRUS [HORN]. Que d'autres appelleraient théâtre.

ORION. Le mot évoque toujours des choses... très éloignées de cette expérience.

CYRUS [HORN]. Pas de pourpre, pas de sonnerie.

ORION. Ni pourpre ni sonnerie. Mais si, incroyablement pourpre et sonnerie mais d'un ordre plus grand.
Pourpre de l'exultation délicieuse et sonnerie de la très haute communion !

CYRUS [HORN]. Une eucharistie.

ORION. Oui. La chair en est cet oursin. Cet oursin, ou celui-là. Ou encore le plus mauve, ou le vert.

CYRUS [HORN]. Et la fille ?

ORION. Oui, la fille du feu. Elle vient.
Elle se prénomme Rose, c'est parfait.
On se moque de son nom. N'est-ce pas, Cyrus ?

CYRUS [HORN]. On se moque de son nom, il nous faut la saveur, mais le nom !
Il est très impatient ; tout le matin il a parlé de cette expérience et j'ai peur, oui, j'ai très peur que cela n'épuise ses forces ; il n'a pas mangé depuis mars dernier. Si au moins la chair de cet oursin était la clef qui rouvre son appétit.

ORION. C'est plus. Quand tout sera en place, il connaîtra cet instant qui n'a besoin d'aucune justification, cette source pure d'où peut naître toute grâce ! La source de mon poème. Je l'ai ressenti, je sais que c'est possible !
L'invisible vient dans le visible.
*(Entre Epitaphe habillée en rose.)*
Voici Rose.
Bonjour, Rose, vous avez peur ?

ROSE [ÉPITAPHE]. Je crois.

ORION. La musique !
Cyrus, il faut que le coup de fouet soit donné à l'exact instant où Judicaël léchera la larme d'oursin. L'exact instant.

ROSE [ÉPITAPHE]. Un coup de fouet ?

ORION. Oui, l'extrême plaisir doit aller avec une douleur fraîche et précise. Sur le torse, de façon à ce que le bout de la sangle frappe très précisément sur son téton droit.

ROSE [ÉPITAPHE]. Quel âge a-t-il ?

ORION. Neuf ans.

ROSE [ÉPITAPHE]. C'est un peu jeune pour de telles expériences. Vous n'avez pas peur ?

*L'éditeur est entré.*

L'ÉDITEUR COBALT. J'y consens. Etes-vous parfaitement propre ? Permettez que je vérifie.

*Il met la tête sous la jupe de Rose.*

CYRUS [HORN]. Comment vous est venue cette révélation ?

ORION. Espérance.

CYRUS [HORN]. Pardon ?

ORION. C'est Espérance qui m'a fait goûter à l'oursin au moment où elle me fouettait avec sa ceinture. Et j'ai su quelque chose.

COBALT. Parfait

*Orion ouvre l'oursin. Il dépose la larme de l'oursin sur le sexe de Rose qui s'assoit sur le visage de Judicaël. Le coup de fouet est donné. Le coup d'archet aussi. On attend.*

L'ÉDITEUR COBALT. Alors, alors, alors ?

CYRUS [HORN]. Il a dit…

ORION. Quoi ?

CYRUS [HORN]. Un mot que je ne l'avais encore jamais entendu dire.

L'ÉDITEUR COBALT. Quoi ?

CYRUS [HORN]. Encore !

ROSE [ÉPITAPHE]. Il est sauvé !

───────── 11. ─────────
## un saut dans le vide

*Acamas est encore sur le bateau. Les autres, sur le canot…*

SOURCEVAINE. Sautez ! Sautez ! Vous nous retardez !

ACAMAS. Non ! Je reste avec les pèlerins.

HORN. La jeunesse ne se soucie pas de vivre, disiez-vous.

LE CAPITAINE. Le monde vous appartient, vous rêvez d'un cercueil de fer ?

HORN. Je me demande si ce n'est pas ce poisson d'or qui jette une ombre démesurée sur votre destin. Rejoignez-nous.

ACAMAS. Jamais ! Jamais ! Non.

LE CAPITAINE *(à Horn)*. Pourquoi souriez-vous ?

HORN. Pourquoi je souris ?
A cause de cette petite perle de sueur que je vois brûler sur son front, une perle, oui, majestueusement. Au cœur de la matière, il y a une perle de sueur, maudite vérité, cruelle présence !

Voilà que la parole se fait lourde, l'arc-en-ciel est un abcès de déchéance !
Qui échappe à l'attraction terrestre ? Qui échappe à l'appel de la terre ?
Mauvais pour celui qui tombe, mais miraculeux en soi, l'appel de la terre !

L'attraction terrestre ! Voilà la force ! Qui sait si cette force n'est pas une force aimante ?

Il faut tomber pour danser, il faut tomber pour fleurir, il faut tomber pour vivre.

Et d'un saut dans le vide, la perle a devancé son créateur, la voilà, dans la chaloupe, elle appelle à son tour, rejoins-moi, rejoins-nous !

Que tu es beau, cher Acamas, dans la fièvre de ton dilemme ! Le cœur bat, je l'entends d'ici. La vie est là, impatiente dans un pouls qui sonne le glas. Ne refuse pas la vie, ne me refuse pas !

Qui te regarde en cet instant ? Qui ? Moi. Oui, le spectateur, moi je te regarde. La perle de sueur est vivante sur le bois de la chaloupe, elle brille et danse. Dans son eau lugubre vit la crasse irréfutable de ton front. Adieu belle image de moi-même, adieu masque de piété, adieu fard délicat de mon printemps !

Tu es à moi. Ton père t'a abandonné !

LE CAPITAINE. Il a sauté.

SOURCEVAINE. Vous avez gagné votre pari. Nous vous devons mille dollars.

ACAMAS. Qu'est-ce que j'ai fait ?

HORN. Un instant, il a suffi d'un instant pour que tu te jettes dans le vide et tombes dans notre barque.

ACAMAS. Je suis là.

SOURCEVAINE. Désormais, tout sera simple !

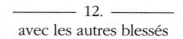

## 12.
## avec les autres blessés

*L'hôpital.*
*Circé tient l'enfant dans ses bras. Elle va chercher un seau d'eau et le remplit. Elle jette l'enfant dans le seau, met un couvercle et s'assoit dessus.*

CIRCÉ. La terre est pleine de poèmes lumineux.

Partout les petites âmes se réunissent pour chanter leur ressemblance. On voit l'araignée à son idéal tresser de l'or vert bouteille dans les clameurs du soir. Il y a une carriole au loin qui vient de s'arrêter au milieu de la route, les imbéciles pensent que c'est la grande ornière pleine de boue qui a fait trébucher l'équipage. Les pluies de mars remplissent en criant ce grand trou d'obus que l'on n'a pas comblé depuis la guerre. Les imbéciles pensent que l'homme dans l'inconscience du chemin a laissé ses roues s'empêtrer dans le piège. Mais la carriole est arrêtée avant le danger. La grande flaque bleue est là devant l'obligation du jour, couverte de ciel et d'odeur d'herbe. L'homme abasourdi à genoux devant la splendeur d'une flaque d'eau ! Plus loin, c'est la main qui frappe la cuisse pourpre d'un cheval. Pourquoi n'y aurait-il pas ce soir un peu de miracle tremblant sous les feuilles du sorbier ? L'émerveillement du monde éclaircit sa gorge avant de chanter, c'est la retenue enivrée de celui qui vient pour se donner à la félicité. La félicité partout à portée de main, la félicité, spasme de bête flairant l'orage, son clair de l'arrosoir dégringolant les marches de pierre ! Je sais tout cela, et qui ne le sait pas ? Tout a été donné. Nous sommes ingrats, nous les saisonniers impatients ! Là, dès l'aurore, on a posé ce beau bijou, cette grande pierre sertie de terreur et d'or ! Sur mon cou blanc, cette grande parure verte !

La mort ! L'ornement ! L'ornement !

*Entre sœur Cantine.*

SŒUR CANTINE [HORN]. Où est l'enfant, Circé ?

CIRCÉ. Il est là-bas, avec les autres blessés. Je suppose que tu as un moyen de quitter cette ville, avant l'arrivée des rebelles.

SŒUR CANTINE [HORN]. J'en ai cent.

CIRCÉ. Et pas un pour moi.

SŒUR CANTINE [HORN]. Il vaut mieux que tu achèves ce poème. Adieu, Circé.

CIRCÉ. Adieu, Horn. De l'enfant tu feras ton disciple.

SŒUR CANTINE [HORN]. Crois-tu que je l'aimerai ?

CIRCÉ. Le pire est que tu es capable d'amour.

SŒUR CANTINE [HORN]. Nous verrons.

CIRCÉ. Tiens, prends ce seau et jette cette eau sanglante au pied du citronnier. A l'armistice, il donnera de plus beaux fruits.

*Sœur Cantine sort avec le seau.*

SŒUR CANTINE [HORN]. L'arbre a fleuri, le feu lui a fait perdre la tête, il se croit au printemps !

*Horn enlève son costume de sœur Cantine, vide le seau ; il voit l'enfant mort, il crie.*

CIRCÉ. Il y a plus d'un poème armé contre toi !

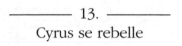

## 13.
## Cyrus se rebelle

*La chambre de l'enfant.*

ORION. Il progresse de jour en jour.

CYRUS [HORN]. Je crois l'avoir vu sourire hier. Hier, je l'ai vu sourire, je vous ai appelé, mais le sourire avait disparu. Les oursins, puis les figues cuites au miel de bruyère, vous en aviez si bien parlé qu'il a voulu en goûter, et puis Rose lui met un glaçon dans la bouche, tout cela, le vent, heureusement il y avait du vent et la musique pour laquelle il commence à connaître…

L'ÉDITEUR COBALT. … De l'impatience.

ORION. Quelle vertu, l'impatience, bâtarde de Dieu.

CYRUS [HORN]. Indulgent, il l'est aussi un peu plus pour ce siècle qu'il décriait. Vous lui avez parlé de ces pèlerins qui recherchent leurs fils disparus à travers le monde, sans aucune autre piste que leur fervent espoir, cette histoire lui a plu.

*Cyrus sort.*

L'ÉDITEUR COBALT. Bientôt, je crois, il se passera de Cyrus et nous parlera. Certainement.

ORION. Je le souhaite. Je souhaite entendre sa voix.

L'ÉDITEUR COBALT. Rose est avec Cyrus dans le jardin. Elle se fait à cette vie. Il y a quelque chose de pervers en elle…

ORION. C'est ce qui me plaît. Elle riait au début quand il la léchait, et maintenant son œil se voile, il y a de la rage dans sa narine. C'est beau.

L'ÉDITEUR COBALT. C'est l'heure de l'oursin. Choisissez-le gras et rose. Un gros ver visqueux dans un écrin d'aiguilles sombres.

*Entrent Rose et Cyrus.*
*La cérémonie de l'oursin. Orion dépose la larme de l'oursin sur le sexe de Rose.*

ROSE [ÉPITAPHE]. Je voudrais un amant qui me soit un tombeau, ses bras, la grande porte de bronze et ses yeux, les lueurs d'or dans la chambre avant que ne soit roulée la pierre.
Ses mains, le linceul déroulé ; les rougeurs sombres entre ses cuisses, la tenture de cérémonie sur le bois noir, et enfin sa bouche.
Sa bouche, chante-t-elle ? Chante-t-elle sa bouche ?

*Elle embrasse Orion.*

L'ÉDITEUR COBALT. Ce qu'elle dit me trouble miraculeusement.

ROSE [ÉPITAPHE]. Sa bouche chante-t-elle ? Est-ce une chanson ?
Sa lèvre humide d'efforts sans but et les commissures roses de vin et de sueur et les dents assassines, chante-t-elle cette bouche ?
Oui, le baiser sur le marbre n'est pas plus éloquent.
Et l'odeur de sueur rance, c'est l'encens volage qui détruit ce qui me reste de conscience, je veux dire l'odeur, l'odeur vert, noir et or de ses sous-vêtements abandonnés. Oh !

*Le coup de fouet. Elle se relève.*

L'ÉDITEUR COBALT. Que dit-il ?

CYRUS [HORN]. Rien.

ORION. Que dit-il ?

CYRUS [HORN]. Et si je ne voulais pas le dire ?

L'ÉDITEUR COBALT. Je ne comprends pas.

ROSE [ÉPITAPHE]. Cyrus est épuisé, vous le traitez si mal. Vous ne le remerciez jamais, ni moi.

L'ÉDITEUR COBALT. La révolte des domestiques ?

CYRUS [HORN]. Je ne traduirai plus. Plus jamais. Je ne suis rien !

ORION. Tu n'as pas le droit.

L'ÉDITEUR COBALT. Cyrus, il désire nous parler.

CYRUS [HORN]. Alors qu'il parle.

L'ÉDITEUR COBALT. Non, non, il est trop tôt encore, il a encore besoin de toi.

ORION. C'est de l'argent que tu veux ?

L'ÉDITEUR COBALT *(à genoux)*. Sauve-nous, Cyrus, sauve-nous !

*Orion frappe Cyrus.*

ROSE [ÉPITAPHE]. Arrêtez !

ORION. Qu'est-ce que tu crois, tu crois que c'est par bonté que je cherche à sauver Judicaël ?
Ce que je veux, c'est le triomphe de la poésie.

ROSE [ÉPITAPHE]. Ce que tu veux, c'est ton triomphe à toi !

ORION. Nous sommes à sa merci.

CYRUS [HORN]. Aimez-moi ! Aimez-moi ! Il n'y a que lui dans votre cœur, lui, toujours lui !

ORION. Viens, viens Cyrus, viens dans mes bras.

CYRUS [HORN]. Non, vous mentez, vous me tenez dans vos bras, mais vos bras sont froids. On ne peut pas m'aimer, dites la vérité.

ORION. Je ne sais pas pourquoi.

CYRUS [HORN]. Parce que c'est lui qui vole l'amour qu'on pourrait me donner, lui, la statue…
*(Désignant l'éditeur.)*
Il m'a fait avec une femme qui n'avait pas de visage. Elle m'a abandonné.

L'ÉDITEUR COBALT *(au chevet de l'enfant)*. Il a parlé ! Il a parlé, j'ai entendu !

ORION. Quoi ?

L'ÉDITEUR COBALT. Je n'ose pas.
Il a dit : "J'aime quand Orion bat Cyrus."

CYRUS [HORN]. Ce n'est pas vrai !

L'ÉDITEUR COBALT. Vous avez perverti l'aube.

ORION. Vous vouliez qu'il vive, il vit ! Le mal, c'est le fanal du vivant !

L'ÉDITEUR COBALT. Je ne sais pas si je voulais cela.

ORION. La source de mon poème est un scandale.

L'ÉDITEUR COBALT. Il dit merci.

ORION. Pardon, Cyrus.

## ———— 14. ————
## l'odeur d'un hôtel en face de la gare

*Sur le canot.*

HORN. Moi je trouve que ces pèlerins sentaient mauvais. Sourcevaine ?

SOURCEVAINE. C'est vrai, ils puaient ! Ils arriveront lavés au royaume des cieux.

HORN. Acamas se tait.

LE CAPITAINE. Muet, farouchement, depuis sa chute !

HORN. On est bien sur notre petite barque, non ? On discourt, on passe le temps, par exemple, à quoi vous faisait penser l'odeur de ces pèlerins… ?

SOURCEVAINE. J'ai travaillé un temps dans une usine d'alimentation pour chiens. On recyclait le chien, on faisait de la pâtée au porc sans porc, rien que du chien bouilli. Une odeur ! Pour moi ça s'approchait de ça.
Et pour vous ?

HORN. L'odeur d'un hôtel en face de la gare de… le nom de la ville ne me revient plus… J'y retrouvais une gentille putain du nom de Circé. Il y avait un papier peint avec des dahlias et ces dahlias sentaient la viande décomposée, les latrines généreuses, la misère fruitée.

LE CAPITAINE. La fosse commune dans laquelle nous allions voler les dents des derniers morts. On faisait commerce d'or, c'était à Samarkand, la ville sentait la myrrhe et le bois ciré et il y avait des cimetières très bucoliques, on y cueillait des paniers pleins de molaires dorées. Et pour moi, ce serait ça, leur odeur, un panier de molaires luisantes.

HORN. Jouons ! Laquelle de ces trois odeurs s'approche le plus de l'odeur de ces pèlerins ? Acamas sera notre arbitre. Le gagnant aura droit à ce biscuit.

ACAMAS. Taisez-vous et donnez-moi la gourde !

SOURCEVAINE. Il a soif ? Il ne boira pas tant qu'il n'aura pas choisi laquelle de ces trois odeurs est celle des pèlerins.

HORN. L'hôtel borgne ?

SOURCEVAINE. Le chien bouilli ?

LE CAPITAINE. Les molaires de cadavres ?

ACAMAS. J'aime autant dormir la bouche ouverte et attendre qu'il pleuve.

SOURCEVAINE. C'est beau la jeunesse ! Une gorgée, capitaine ?

LE CAPITAINE *(il boit).* Volontiers.

HORN. Partageons le biscuit.

## ———— 15. ————
## la nuit est fille de Dieu

*L'hôpital.*

L'AVEUGLE IMPRÉCATEUR. La nuit vient courageusement mêler le meilleur et le pire dans son pressoir. Dans le théâtre où je jouais, il y avait des baignoires d'or et des cariatides défigurées. Le plâtre de la loge officielle tombait quelquefois dans la fosse, les musiciens qui nous avaient précédés, ceux qui avaient joué pour le dictateur, avaient laissé leurs noms sur les chaises maudites. On parlait toujours de cette révolte contre le chef, on ne suivrait plus sa battue, on irait tempo libre, chacun empêtré dans un chorus scandaleux, une vraie musique de sauvage, une vraie musique de révolté, et peut-être y aurait-il quelque chroniqueur pour interpréter notre geste et le rendre célèbre. La révolution était louée dans les barres de mesure. Mais le chef levait son sceptre et, quelques minutes plus tard, au point d'orgue, toujours les mêmes imbéciles, écœurants traîtres, épouvantables suiveurs. A quoi bon insulter le chef d'orchestre ? Il n'y a pas de révolte possible. Ah ! la nuit est fille de Dieu.

ESPÉRANCE. Les oiseaux ! Les oiseaux ! Encore ! Insolence ! Le ciel est rouge ! Venez, venez voir.
La beauté, c'est qu'ils n'hésitent pas, il faut voir cela. Tous d'un même mouvement, les écailles de la volonté divine !

SŒUR CANTINE [HORN]. Des milliers ! Des milliers !

ESPÉRANCE. L'œil ne cligne pas ! La vie déchire toute incertitude, d'une seule parole ! Là-bas ! Là-bas ! Là-bas les appelle Dieu sait quoi. Et le cri aussi de toute cette effervescence acharnée ! Tendez issue, forces du matin ! Que c'est beau de voir ça !

SŒUR CANTINE [HORN]. L'aveugle s'est ouvert les veines avec les débris de votre miroir. Vous l'avez rendu fou en lui montrant ces oiseaux qu'il ne pouvait pas voir.

ESPÉRANCE. Les oiseaux ?

*Entre Loyal.*

SŒUR CANTINE [HORN]. Les oiseaux de votre cœur que vous avez laissés échapper !
Faites vos bagages, vous avez fait assez de mal ici. Partez !

LOYAL. Les rebelles ont franchi les lignes. Je vous aiderai à fuir la ville. Venez !

———— 16. ————

une génuflexion gâchée

*La maison de Cobalt.*

LA TRAGÉDIENNE *(off)*. De si loin ! J'ai tant marché, je brûle de voir le visage de l'oracle.

L'ÉDITEUR COBALT *(off)*. Ce n'est pas un oracle.

LA TRAGÉDIENNE *(off)*. C'est à lui enfin qu'il faut que je crie ma détresse ! Si grande détresse ! Si vieille détresse et d'un alliage si lourd. Voyez, je me suis parée pour cette rencontre.

CYRUS [HORN]. C'est une tragédienne célèbre qui vient rencontrer – lequel de vous deux je n'ai pas su –, elle dit le poète. Et l'éditeur a pour elle une admiration trouble, je crois qu'enfant, il l'a vue jouer *Iphigénie* au Châtelet.

LA TRAGÉDIENNE *(off)*. Je vais comme de coutume jeter sous mes pieds une pluie de pétales de rose, laissez mes suivantes pleurer notre exil dans l'antichambre du poète.

Moi seule j'entrerai et le prierai avec ma génuflexion embarrassée, avec toutes les larmes du drame ancien, puisées encore au puits serti de ronces qu'est ma douleur.

L'immortalité de mon talon frappant sous la bure théâtrale comme pour prévenir l'audience qu'il est temps d'applaudir, je frappe, j'entre !

*Elle frappe et entre dans la chambre, suivie de l'éditeur.*

CYRUS [HORN]. L'éditeur dit qu'elle a cent trois ans. Il minore !

LA TRAGÉDIENNE. Iphigénie ! Iphigénie !
Ta robe est sur mon cœur et avec elle la plainte de tous les martyrs dont on taira le nom.

Mais quel poète oserait soulever le voile du remords et dire les victimes de notre indifférence ?

Je marcherai toujours, qu'importent les béances de ma parure, on verra ma peau morte, on verra mes os rances et par les entailles de la toge, mon sexe dégrisé.

Mais on verra aussi que j'ai réclamé un poète jusqu'à l'ultime jetée de mes forces !

*(A l'éditeur.)* Ramassez les pétales, voulez-vous ? Ils sont en velours dévoré. Je n'ai pas de quoi en acheter d'autres. Je recycle, mettez ça dans le petit panier !

J'ai vu tant de faux prophètes ! J'ai gâché tant de génuflexions !

ORION. Elle sent mauvais !

CYRUS [HORN]. Elle sent très exactement la mort.

LA TRAGÉDIENNE. J'entends que l'on parle d'or !

CYRUS [HORN]. En plus elle est sourde !

LA TRAGÉDIENNE. On parle d'or à la vue de mes sandales défraîchies, le rouge de l'enduit lui-même est râpé à mes miroirs comme à mes masques.

Je m'agenouille devant toi, poète, et sache que ce n'est pas seulement moi mais tous les spectres de coulisse et d'avant-scène qui pleurent ta présence.

Où es-tu poète ?

Le siècle a-t-il eu raison de ton rire ?

Et faudra-t-il ouvrir les veines de cent Iphigénies pour que tu reviennes crier pour nous les gloires et les hontes de la vie humaine ?

*Elle jette du sang sur ses bras et son front, et s'agenouille.*

ORION. Elle s'est agenouillée devant mon manteau.

CYRUS [HORN]. Je crois qu'elle ne voit pas clair.

LA TRAGÉDIENNE. Oui, je suis amère, vous ricanez dans mon dos parce que je suis amère et vieille et sale. Sale d'une route sans halte.
Poète, réponds à mon élégiaque supplique !
Faut-il que je te tende la sébile de tout ce corps amoindri qui ne saura pas mourir sans t'avoir retrouvé ?

ORION. Madame, vous êtes agenouillée devant mon manteau !

LA TRAGÉDIENNE. Mes tréteaux ? Mes tréteaux sont morts ! Et morte avec eux la connaissance des planchers noirs, disparu l'art des drisses et des guindes, oubliée la rigueur des contrepoids que guidaient les cintriers de l'âme. La rampe a grésillé et s'est tue, les perches se sont abattues d'un coup et le lointain lui-même s'est affalé dans les rues ingrates.
Tout est mort !
Tout est mort tant que nous n'aurons pas un poème nouveau !

ORION. Mais c'est un manteau !

LA TRAGÉDIENNE. Rien ! Alors je pars. Je pars. Plus douloureuse. Mais je ne suis pas vaincue.
Aidez-moi, vous voyez bien que je ne peux pas me relever seule.

L'ÉDITEUR COBALT. Par ici, venez, vous allez vous reposer sur le divan du salon.

LA TRAGÉDIENNE. Oui, allons, allons ! Un jour, je le rencontrerai, mais il faut pour cela que mes pieds souffrent encore. Ai-je fait de belles traces de sang sur votre plancher ?

L'ÉDITEUR COBALT. Je crois.

LA TRAGÉDIENNE. Et sur vos tapis ?

L'ÉDITEUR COBALT. Oui !

LA TRAGÉDIENNE. Etaient-ils précieux ces tapis ?

L'ÉDITEUR COBALT. Ils l'étaient.

LA TRAGÉDIENNE. Ils le sont plus encore.

CYRUS. Il parle !
"Ne riez pas ! Ne riez pas ! Il ne faut pas rire du vieux masque !"

LA TRAGÉDIENNE. Qui a dit cela ?

CYRUS. Il dit : "Je serai bientôt un homme dans la foule, il ne me manque plus qu'une chose, je connais l'impatience et la gratitude et l'extase et le dégoût de moi. Mais une chose me manque et il faut qu'Orion me la donne sans quoi…"

ORION. Que veut-il ?

CYRUS [HORN]. Il veut ce poisson d'or que tu lui as montré au premier jour.

L'ÉDITEUR COBALT. Il le désire plus que tout car il sait qu'il est votre bien suprême. Il sait que ce poisson d'or est ce que vous ne pouvez pas donner et c'est pour cela même qu'il le réclame.

## ———— 17. ————
## l'homme d'équipage dira la vérité

*Le port de Tanger.*

LE CAPITAINE. Le port enfin ! Tanger, tes rives ne m'ont jamais été si douces !

ACAMAS. Voilà. Il va falloir montrer mon visage.

HORN. Nous dirons que vous avez été héroïque. Contre quelques services rendus nous serons les tombes de votre lâcheté. Vous avez tenu à rester à bord mais une fois le bateau englouti, nous vous avons repêché.

SOURCEVAINE. Nous sommes des pêcheurs d'homme.

LE CAPITAINE. La vérité est sous une pierre tombale qui a pour nom "intérêt commun".

ACAMAS. Et vous exigerez de moi…

HORN. Au fond peu de choses, en échange de quoi nous serons les geôliers de votre déshonneur.

SOURCEVAINE. Disons que vous travaillerez pour moi une cinquantaine d'années.

HORN. Acamas ! Ton père est tombé en quelques mesures, toi il a fallu s'y reprendre à trois fois. Mais finalement, ça ne pèse pas lourd un homme. Et quand je mettrai dans ta main ce poisson d'or que je t'ai promis, tu seras éternellement à moi.

ACAMAS. Mon âme !

LE CAPITAINE. On nous attend, on nous fait des signes.
Non ! Non !
C'est le chef des pèlerins qui nous attend avec un grand sourire. Et derrière lui sa cohorte infecte et les portraits de leurs fils autour du cou.

SOURCEVAINE. Le bateau n'a pas coulé ?

HORN. Probablement pas, regardez.

*Il désigne le bateau. Le pèlerin les attend sur le quai.*

LE CAPITAINE. Le *Regina Pacis*, là. Il est en cale sèche, éventré. La brute a survécu !

SOURCEVAINE. Ma cargaison est sauvée ! Sonnez les cloches !

HORN. Le pèlerin a l'air amusé de nous savoir en vie.

LE CAPITAINE. Je vais être rayé de la marine pour trahison.

SOURCEVAINE. Faites quelque chose, Horn.

HORN. Nous dirons que la mutinerie a été contrainte de regagner le port après avoir heurté une roche. Prendre le pouvoir est à la portée de n'importe quel imbécile armé d'une cuillère, mais encore faut-il savoir piloter. Nous les avions prévenus ! Les clandestins espéraient passer en Espagne et du même coup exploiter notre cargaison. Abandonnés sur un canot sans eau et sans vivres, ils ne pensaient pas nous revoir. J'ai des témoins.

SOURCEVAINE. Tout ce que dit monsieur Horn est hélas vrai. J'en témoigne, monsieur le procureur.

LE CAPITAINE. Et l'homme d'équipage ?

ACAMAS. L'homme d'équipage dira la vérité.

SOURCEVAINE. Nous serons écroués ! Faites quelque chose, Horn !

LE PÈLERIN. Bienvenue, Acamas. Prenez ma main pour monter sur le quai. Vous êtes à nouveau notre espoir. Il faudra crier fort, notre parole est bien faible face à celle de ces messieurs.
Mais pour nous sauver accepterez-vous d'avouer que vous avez fui ?

ACAMAS. Votre main est froide.

# une couronne de lichens

*La forêt.*

ESPÉRANCE. Appelez ça comme vous voudrez, moi je dis lâcheté. Nous les avons abandonnés.

LOYAL. La plupart ne pouvaient pas marcher. Vous aimez vous noircir.

ESPÉRANCE. L'air est meilleur que dans la vallée. Si nous passons ce col, nous serons en zone libre. C'est quoi cette valise qui fait saigner votre main ?

LOYAL. Vous serez libre, oui.

ESPÉRANCE. Libre de quoi ?

LOYAL. Les arbres brûlés repoussent de l'intérieur, leur tronc fendu est comme une matrice.

ESPÉRANCE. J'ai mal aux pieds.

LOYAL. Taisez-vous ! J'entends quelque chose.
Tenez, mettez ça. Les hommes, ils les tuent. Les femmes, ils les violent et les tuent. Mettez ça.

ESPÉRANCE. C'est ce que vous gardiez dans cette valise, des vêtements d'homme ?

LOYAL. Ils viennent. Je suis indifférent à tout ça, scandaleusement.

ESPÉRANCE. Sortilèges !

LOYAL. Qu'est-ce que vous dites ?
Ils me tueront. Là-bas, il y a un rocher qui fait comme une tête de roi couronné. Habillez-vous et embrassez-moi. Un roi ? Avec un nimbe de fumée grise. Nous mourrons sous le regard d'un roi, c'est ça que je devais voir ? Qu'elle apparaisse l'image ! Qui résoudra l'énigme, ce roi ? Cet arbre ? Oui, il fallait que je sois à genoux devant ce grand roi impuissant.

ESPÉRANCE. J'ai peur, Loyal, ils viennent. J'entends les pas de bottes qui cassent le givre dans la prairie noire. Le roi a changé de visage, un nuage lui fait une grande ombre sur le front.

LOYAL. Ce sont les habits de mon frère.

ESPÉRANCE. Je ne comprends pas.

LOYAL. Mon frère. Je garde toujours avec moi ses vêtements, ce pull bleu que si souvent, j'ai... oh ! Ariel !... si souvent embrassé.

ESPÉRANCE. Mort ?

LOYAL. Pardonne-moi. Pardonne-moi, petit frère, je ne t'ai pas trouvé, je t'ai cherché et je ne t'ai pas trouvé, j'ai brassé une brume froide, et je ne t'ai pas trouvé. Le roi nous accueille, tu vois, il a l'air bon. Et toi tu es là avec ton visage de fille, le pull bleu troué à l'épaule !

ESPÉRANCE. Ariel ?...

LOYAL. Mon ange gardien. Un accident de montagne. La couronne devient jaune, ce sont les lichens qui brillent dans un rayon. Ariel, pardonne-moi.

ESPÉRANCE. Je te pardonne.

LOYAL. Adorables, toutes choses, adorables, Ariel. Ta mort, le froid, la fatalité, adorables. Tu entends, c'est ce que murmure le roi. Nous avons laissé une petite trace de fusain, malhabile. C'est cela, Dieu, notre parcours.
*(Il prend le revolver.)*
Je n'ai qu'une balle, Espérance. C'est assez de bénédiction, on nous a laissés noircir une feuille avec notre index trempé dans la suie. Je meurs, je meurs dans la lumière de...

*Il se tue.*

ESPÉRANCE. ... La miséricorde divine.

*Entrent Samovar et Solution, deux rebelles. Horn est déguisé en Samovar, Epitaphe en Solution.*

SAMOVAR [HORN]. Qui êtes-vous ?

ESPÉRANCE. Mon nom est Ariel Loyal. Je suis médecin.

SAMOVAR [HORN]. Il est mort ?

ESPÉRANCE. Je crois.

SOLUTION [ÉPITAPHE]. Nous cherchons un médecin. Le commandant a une arête de poisson dans la gorge.

ESPÉRANCE. De quel côté êtes-vous ?
*(Solution montre une cuillère.)*
J'aurai la vie sauve ?

SOLUTION [ÉPITAPHE]. Quelques heures de plus.

ESPÉRANCE. Alors je me prosterne devant ces quelques heures. Aujourd'hui les innocents ont été exécutés, les bourreaux avaient des visages d'enfants enivrés, ces quelques heures sont toute la clémence du ciel.

––––––– 19. –––––––

## le monde se trouvera une autre conscience

*Dans la chambre, l'enfant meurt.*

L'ÉDITEUR COBALT. Son souffle s'amoindrit.

ROSE [ÉPITAPHE]. Ce n'est qu'un porte-clefs de métal doré, Orion, tu as ta victoire toute prête, aucun désespoir ne résiste à ta joie, achève ton œuvre.

L'ÉDITEUR COBALT. Donne-lui ce jouet et pars ! Libre ! Vainqueur !

CYRUS [HORN]. "Orion, ton souffle est sur mon cœur. Je vis de ta parole, et c'est pourquoi je veux la source de ta parole, ta bouche ? Plus encore ! Ton souffle ? Plus encore ! Plus encore que ton âme ! La promesse que tu as faite, d'être libre et cruel. Sauve-moi. La mort est là, mon cœur se ralentit, tu n'as qu'un mot à dire.
M'aimes-tu ?"

ORION. Si je t'aime ?
Oh ! visage de cire.

CYRUS [HORN]. Le souffle meurt, il a un sifflement horrible.

ORION. Je ne peux pas ! Je ne peux pas te donner cela. Que veux-tu d'autre ? Tout ce que tu voudras !

CYRUS [HORN]. Il meurt ! Vous le tuez !

ORION. Non !

L'ÉDITEUR COBALT. Orion ! Orion ! Il faut le sauver ! Il le faut, il est la conscience du monde !

ORION. Le monde se trouvera d'autres consciences !

L'ÉDITEUR COBALT. Je ne trouverai pas d'autre fils.

ORION. Non.

CYRUS [HORN]. Vous avez perdu. Il est mort.

ORION. J'ai perdu le sens de la vie, je n'ai pas perdu la vie.

L'ÉDITEUR COBALT. Le cadavre de mon fils ne vous vole presque rien. Qu'est-ce que le sens ? Des siècles que nous vivons sans la moindre goutte de sens !

ORION. Je voudrais mes droits d'auteur.

L'ÉDITEUR COBALT. Je n'ai vendu qu'un exemplaire.

ORION. Combien ?

L'ÉDITEUR COBALT. Quarante.

ORION. Alors dix pour cent de quarante, vous me devez quatre sous, je les veux !

L'ÉDITEUR COBALT. Abject.

ORION. Quatre sous, le prix d'un verre de vin debout avec les misérables. Sitôt le verre vidé je n'aurai plus de remords.

L'ÉDITEUR COBALT. Espérez-le.

ORION. Il le faut.

CYRUS [HORN]. Et à moi, pas d'au revoir ?

ORION. Le lac, non ?

CYRUS [HORN]. L'eau est froide. Non. Je me pendrai plutôt.

ROSE [ÉPITAPHE]. Emmène-moi. Emmène-moi, Orion.

ORION. Non.

CYRUS [HORN]. Tu souffres vraiment ?

ORION. Oui.

CYRUS [HORN]. Donnerais-tu le poisson pour perdre cette souffrance ?

ORION. Tu peux ressusciter les morts ?

CYRUS [HORN]. Oui. Donnes-tu le poisson contre la fin de ce remords ?

ORION. Vous ne trouvez pas que cela donne à mon sourire je ne sais quoi de doux et de profond que je n'avais pas ? Ce cadavre d'enfant décore bien mon visage, non ? Oh ! mes mains ont vieilli !
Quelle folie ! Quelle folie ! J'ai voulu endiguer l'océan !

L'ÉDITEUR COBALT. Tu as perdu, Horn, il a refusé, deux fois.

HORN. Je n'ai pas dit mon dernier mot.

ORION. Horn ?

L'ÉDITEUR COBALT. Regarde, Orion, regarde.

*Il brise la tête de l'enfant.*

ORION. Un mannequin de cire.

CYRUS [HORN]. Il n'a jamais existé.

ORION. La tragédienne ! Il faut retrouver la tragédienne !

ROSE [ÉPITAPHE]. Pourquoi ?

ORION. Pour commencer une autre histoire, vite !
*(Il ramasse un morceau de tête brisée.)*
Si par mégarde l'orgueil de sauver des âmes vient encore frayer avec
ma poésie, donnez-moi un bon coup sur la tête. Comme ça !

*Il frappe l'éditeur qui tombe.*

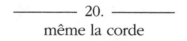
## 20.
## même la corde

*Le port.*

LE PÈLERIN. Une tombe. Ils se sont tournés vers toi et tu n'as pas dit
une parole. On nous accuse et celui qui peut nous sauver se tait.
Avouer un crime ce serait simple, mais avouer une lâcheté ?

ACAMAS. Je vous ai trahis une deuxième fois. La première fois ce
n'était rien.
Rien qu'un faux pas.
Oui, le corps est tombé. Le corps. Je pouvais toujours accuser le poids
de mon corps, et vivre ainsi, estropié, endormi, végéter des années sans
m'avouer mon crime. Tous me pardonneraient, moi je ne me pardon-
nerais pas, non, mais de là à chercher l'expiation. Une vie de boutiquier, avec ma petite horreur bernée par un peu d'armagnac quand il
fait froid.
Et au matin du Jugement, faire l'imbécile.

Oui, nier. Nier comme j'aurais nié une vie entière, nourrie au jardin potager, sur la terre infertile des promesses mutilées, quelques fruits risibles, des affaires et des actions de grâce véreuses, des jouissances de vieillard voyeur et masochiste.

Tandis qu'en vous reniant une deuxième fois...

Je condamne toute fuite, j'ai cloué moi-même le cercueil avec les clous dorés de mes présomptions. Un salaud. Oui. Un salaud tel que Dieu ne saura pas l'ignorer. Brûler est plus doux que moisir.

LE PÈLERIN. Pourquoi ne pas devenir le pire des hommes puisque tu n'as pas pu être le meilleur ?

ACAMAS. L'orgueil est mon argile, je pétris un dieu imbécile qui ne résistera pas aux pluies du printemps. J'aurai raison de moi. Ce deuxième reniement au moins n'était pas lâcheté. La lâcheté, c'etait de se justifier. Se sauver à peu de frais, badigeonner l'indignité avec un beau remords lyrique, tenter de vous sauver pour masquer que je vous ai trahis. La faute morale, ce n'est pas le péché.

Le péché, céleste comme un oiseau qui vole sans savoir vers les mers du Sud.

Par le péché aussi. C'est écrit. Par le péché aussi, il ne me reste plus qu'à devenir fou. S'abandonner à la volonté divine.

LE PÈLERIN. Sois béni, Acamas.

ACAMAS. Aide-moi à mourir.

LE PÈLERIN. Rejoins-nous.

ACAMAS. Trop tard. Je ne vous connais plus.

LE PÈLERIN. Tu viens de nous trahir une troisième fois, le coq a chanté. Ton destin maintenant est confondu au nôtre. Ton désespoir est immense, toute ta génération y est cloîtrée.

ACAMAS. Une corde.

LE PÈLERIN. Celle-ci sonnait la cloche, celle-là attachait le chien du curé et la troisième n'a jamais servi.

ACAMAS. Laquelle ? Choisissez pour moi.

LE PÈLERIN. Celle du chien.

ACAMAS. Oui.
C'est celle que je mérite.
(*Il veut se pendre, la corde casse.*)

Même cette corde ne veut pas de moi. Pourquoi avoir choisi cette corde ?

LE PÈLERIN. Parce qu'elle n'était pas très solide.

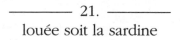

## 21.
## louée soit la sardine

*Sur le* Regina Pacis.

SOURCEVAINE. Louée soit la sardine !
Quoi qu'on pense, à ce jour, la sardine a fait plus pour l'humanité que le Christ. Elle a été auprès des miséreux, elle est auprès des miséreux quand le Christ les abandonne ; la parole d'or de la sardine, par rapport à toutes ces promesses insensées de l'Evangile, c'est un bon tiens, mon vieux, c'est mieux que deux tu l'auras là-haut, avec tout le saint-frusquin, mais personne n'est revenu pour donner des garanties sérieuses.
La sardine tient ses promesses, Jésus à côté, c'est du blabla.

LE CAPITAINE. Donc votre sardine est éthique.

SOURCEVAINE. Cent pour cent !

LE CAPITAINE. On devrait vous décorer !

SOURCEVAINE. Elle est pêchée par les pauvres, mise en conserve par les pauvres, et mangée par les pauvres. Elle a été la sœur de charité des ouvriers, aujourd'hui sa clémence infinie inonde les pays sous-développés ! Elle est le fruit de la mer et du travail des hommes !

LE CAPITAINE. Et le meilleur moyen de s'enrichir restera toujours d'exploiter la pauvreté.

SOURCEVAINE. Pour ensuite pouvoir aider les pauvres !
On la réclame, mon usine de conserves, de l'Est au Sud, on la réclame. Elle vient des mers pauvres, elle fait un petit tour dans les eaux riches où elle prend son vernis et sa sainte onction et elle retourne où elle est née dans les eaux de l'indigence !
Et je demanderai que dans mes conserveries soit diffusé, en boucle, Mozart ; Mozart est le secret de fabrication qui donne à mes sardines je ne sais quoi de je ne sais quoi. Quant à mes ouvriers, tous issus des impasses géopolitiques de la planète, tous préparés par des années d'humiliation et de mépris, ils sont pauvres peut-être, sales, c'est vrai,

laids, incontestablement, ce travail n'arrange pas la peau et hélas cette monoalimentation non plus, mais ils connaissent Mozart !

LE CAPITAINE. Votre sardine est-elle marxiste ?

SOURCEVAINE. Disons qu'elle a bien appris la leçon, on peut la dire marxienne.

LE CAPITAINE. C'est admirable.

SOURCEVAINE. Mais je demande à ma sardine de faire plus encore !

LE CAPITAINE. Plus encore que de nourrir le ventre des affamés avec sa chair sucrée ?

SOURCEVAINE. Oui, je veux qu'elle nourrisse l'âme.

LE CAPITAINE. Votre sardine est culturelle !

SOURCEVAINE. C'est le mot ! C'est le mot ! Elle est divine, marxienne et surtout… culturelle !

LE CAPITAINE. Sa boîte, bien sûr.

SOURCEVAINE. J'ai appris ma leçon des ministres. La culture n'est rien d'autre qu'un emballage.

LE CAPITAINE. Bien sûr, la sardine, c'est surtout l'emballage.

SOURCEVAINE. Et l'étiquette et la réclame !
Et les créateurs ; j'aime tant les créateurs, tous les créateurs, les dresseurs de poneys, les tatoueurs, les coiffeurs, les sandaliers, les nudistes, les attentes sonores, les décorations en fleurs séchées, les escamoteurs de femmes, les organisateurs de tombolas, les mots croisés, les charcutiers, pas tous bien sûr, les joueurs de scie musicale, les mangeurs d'asperges, les gens qui font caca debout, bref, tous les créateurs.

LE CAPITAINE. Qu'on arrête de se moquer du peuple et qu'on lui donne ce qu'il attend ! Des numéros de caniches savants sur fond de Stravinski !

SOURCEVAINE. L'esprit souffle où il veut.

LE CAPITAINE. Pourquoi ne soufflerait-il pas sur une boîte de sardines !

SOURCEVAINE. L'humanité l'appelait de ses vœux, Sourcevaine l'a réalisé, le support idéal, le vecteur populaire par excellence, la boîte de sardines. C'est pourquoi je veux que chacune de mes créations porte le nom d'une valeur française, d'un mythe français, d'un diamant échappé au collier de l'histoire française.

LE CAPITAINE. Je suis ému.

SOURCEVAINE. La Démocrate, sardine pour tous, la Joconde, sourit aux miséreux, la Révolution, à l'huile d'olive, la Rimbaud à la sauce tomate ; la Roncevaux, sardine de la résistance, la Clovis, première sardine baptisée, la Charlemagne, sardine de l'Education nationale, la Napoléon, la Marie Curie, la Antoine de Saint-Exupéry, la Picasso, la Paul Claudel, la Charles de Gaulle et enfin… la Jeanne d'Arc, vierge extra !
Ainsi le tiers-monde remplit son ventre et son âme en mangeant avec elle un morceau de notre belle culture…

LE CAPITAINE. Ah ! l'humanité a dû chercher longtemps, mais elle a trouvé ! Ah !

# III. AUX CONFINS DU MONDE
# ET DE LA CIMÉRIE

## ──── 1. ────
## aux confins du monde et de la Cimérie

*Devant la scène.*

HORN. Sourcevaine a installé sa fabrique dans un pays chimérique et austère, la Cimérie. Ulysse y coudoyait l'âme des guerriers disparus. Orion a écrit pour la vieille tragédienne un poème ignescent : "La Fusion des miroirs".

ÉPITAPHE. J'ai décidé d'envoyer à la face de ce monde un poème si brûlant qu'il produise la fusion des miroirs.

HORN. C'est ésotérique et vain, ça peut plaire !
Acamas, je préfère ne rien dire, il y a là un coup de théâtre.

ÉPITAPHE. Quels rôles jouerons-nous ?

HORN. En Cimérie, je serai moi-même, toi tu serviras de photographe officiel.
Auprès d'Orion, je jouerai la suivante de la vieille tragédienne, je vais faire ça à merveille.

ÉPITAPHE. Et pour Espérance ?

HORN. Nous allons la conduire au QG du commandant. Nous rejouerons les deux aides de camp : Solution et Samovar.

ÉPITAPHE. Le commandant a une arête de poisson dans le gosier...

## une arête de poisson

*Le quartier général des rebelles. Le commandant s'étouffe.*

SOLUTION [ÉPITAPHE]. C'est grave. Il doit, ce soir, lire son exhortation à la radio. Les partisans l'attendent.

ARIEL [ESPÉRANCE]. Une exhortation ?

SOLUTION [ÉPITAPHE]. Nous exhortons les civils à la guerre totale.

ARIEL [ESPÉRANCE]. Une arête de poisson ? Ce n'est pas plutôt une épine tombée de la couronne divine ?

SAMOVAR [HORN]. Vous l'amusez, ses yeux brillent.

ARIEL [ESPÉRANCE]. Croyez-vous à la providence ?

SAMOVAR. Je crois qu'il apprécierait de vous répondre.

*Espérance opère.*

ARIEL [ESPÉRANCE]. Voilà l'épée de David qui sort de la gorge…

LE COMMANDANT. … De Goliath.
Non, la providence, non. La fatalité, oui. Mais quelle différence ? L'une est l'ombre de l'autre.

ARIEL [ESPÉRANCE]. Il y a ce que l'on voit.

LE COMMANDANT. Il n'y a que ce que l'on voit.

ARIEL [ESPÉRANCE]. Mon délai s'achève.

LE COMMANDANT. Vous avez des mains de fille.

ARIEL [ESPÉRANCE]. De Parque, qui sait ?

LE COMMANDANT. J'ai besoin d'un médecin. Il faut les recoudre, ces ventres puants. Ramasser les boyaux à la pelle. Savez-vous torturer ?

ARIEL [ESPÉRANCE]. Est-ce difficile ?

LE COMMANDANT. Le marionnettiste doit mettre le meilleur de lui dans sa marionnette.
Voici mes aides de camp.
*(Désignant Epitaphe.)* Solution.

ARIEL [ESPÉRANCE]. Pourquoi ce nom ?

LE COMMANDANT. Vous le saurez bien assez tôt.
*(Désignant Horn qui entre en tenant une cafetière.)* Et Samovar.
Il m'apporte mon "samovar". La lime. Cérémonie du matin. Vous voyez
ce bouchon sur le couvercle de mon samovar. Depuis huit ans, chaque
jour je donne douze coups de lime. Pas plus.

ARIEL [ESPÉRANCE]. Pourquoi ?

LE COMMANDANT. Quand il cédera, je me tuerai. C'est pour ça qu'il me
faut un nouvel aide de camp aux mains de fille.

ARIEL [ESPÉRANCE] *(elle jette les yeux sur le discours)*. C'est ça votre
discours ?

LE COMMANDANT. Oui. Je suis mauvais orateur. C'est ce qui plaît. Ça
change des discours policés, ce lyrisme gras.

ARIEL [ESPÉRANCE]. Que voulez-vous ?

LE COMMANDANT. L'irrémédiable !

ARIEL [ESPÉRANCE]. Pourquoi ?

LE COMMANDANT. Parce que c'est une des formes du sacré. On ne peut
fonder une société que sur de l'irrémédiable. Par exemple l'irrémédiable séparation de deux frères. Vous voyez, croire en la fatalité est
le ciment des sociétés civilisées.

ARIEL [ESPÉRANCE]. C'est ce qui se joue ?

LE COMMANDANT. Comme toujours !
Il y aura entre les deux communautés un parvis solide de souvenirs
atroces et de rancœurs insurmontables. Ce sera dur et blanc, une
pierre philosophale. Et moi, l'alchimiste de ce chaos. Alors ils pourront commencer à reconstruire, mettre des nappes claires sur les
mausolées, et je serai démodé, encombrant, une épave. C'est presque
l'heure, ils ont eu leur satiété d'innocence broyée. Savez-vous ce qui
les dégoûte, c'est le vivant en moi. Un morceau de viande décom-
posé, c'est supportable, mais il suffit qu'il y ait un ver, un petit
morceau de chair qui se trémousse et s'ébroue dans la mort, là on ne
triche plus.

ARIEL [ESPÉRANCE]. Le discours n'est pas très bon.

LE COMMANDANT. Je ne crois pas à ce que je dis.

ARIEL [ESPÉRANCE]. Alors croyez en la rhétorique.

LE COMMANDANT. Qu'est-ce que vous proposez ?

ARIEL [ESPÉRANCE]. Une anaphore, ça plaît aux foules.

LE COMMANDANT. Qu'est-ce que c'est ?

ARIEL [ESPÉRANCE]. Toujours le même mot qui frappe au même endroit.

LE COMMANDANT. Un marteau.

ARIEL [ESPÉRANCE]. Commencez toutes vos phrases par "faudra-t-il"…
Faudra-t-il que chaque mère… Faudra-t-il que chaque couteau… Faudra-t-il que chaque fils, etc.
Et vous terminez par un grand "Il le faut". On brodera des manteaux avec ce sigle sur le cœur, I. L. F.

LE COMMANDANT. Et vous pensez qu'il le faut.

ARIEL [ESPÉRANCE]. Je suis venu pour m'approcher de l'humanité souffrante. Et me voilà dans le camp des assassins.

LE COMMANDANT. Il le faut. Il le faut, parce qu'ils refusent de peindre la croix consolatrice avec l'or de leurs jours heureux.

ARIEL [ESPÉRANCE]. Vous ne croyez pas au nationalisme ?

LE COMMANDANT. Evidemment pas ! Personne ! C'est là qu'il charme.

ARIEL [ESPÉRANCE]. Alors pourquoi ?

LE COMMANDANT. Par goût du jeu, par ennui, par cynisme, c'est ce que tu voudrais que je réponde ? Ça ferait plus personnage. Mais la vérité, qui veut l'entendre ?
Demande à Solution.

SOLUTION [ÉPITAPHE]. Nous avons commencé un jour sans savoir pourquoi et nous continuons parce que…

LE COMMANDANT. Parce que nous avons commencé.
Quel est ton nom ?

ARIEL [ESPÉRANCE]. Ariel Loyal.

LE COMMANDANT. Ariel le loyal, tu seras mon aide de camp. Ce soir, il faut lire ce discours. Réécris ça vite fait et dégoulinant de formules. Ecoute-toi écrire, prends du plaisir. Ensuite nous irons violer les filles et coudre la bouche des pères.

SAMOVAR [HORN]. Tu vomiras un peu au début, et puis vient l'hiver de l'âme.

SOLUTION [ÉPITAPHE]. On se dédouble, c'est un autre qui tue.

ARIEL [ESPÉRANCE]. Une ivresse.

LE COMMANDANT. La guerre est presque finie. Nous avons peur. Le grand fauve aux sept têtes cornues va dévorer la main qui l'a nourri.

## ——— 3. ———
## moi, plus humble !

*Sur la route, les tréteaux de la tragédienne. Horn est habillé en suivante.*

LA TRAGÉDIENNE. Tu viens trop tard !
Regarde-moi ! Tant de génuflexions gâchées !

ORION. Je vous ai entendue chez l'éditeur Cobalt et il m'a semblé que dans votre déchéance il y avait... comment dire... la putréfaction nécessaire à mon poème.

LA TRAGÉDIENNE. Je ne comprends pas.

ORION. J'ai décidé d'envoyer à la face de ce monde un poème si brûlant qu'il produise... la fusion des miroirs.

LA TRAGÉDIENNE. La fusion des miroirs ?
"La Fusion des miroirs".
Qu'est-ce que la fusion des miroirs ?

ORION. C'est un temps terrible où tout est possible. Un bréviaire de chaos ! Le possible redevient un dieu, on lui élève des statues et vous serez l'Iphigénie de ce sacrifice. Une vieille Iphigénie rouillée, décomposée.
Vous vous maquillez vous-même ?

LA TRAGÉDIENNE. Oui, mais ma main tremble un peu. Et cette sotte-là, la suivante, est incapable de me coiffer. Je lui crèverai les yeux, sale putain vendue à la puissance de Babylone !
Je ne sais pas pourquoi, il suffit qu'elle soit là et toute l'illusion salutaire s'effondre, je ne suis plus Iphigénie, je ne suis plus la jeunesse sacrifiée, je deviens...

LA SUIVANTE CLEPSYDRE [HORN]. Ce que tu es, une momie grandiloquente.

LA TRAGÉDIENNE. Prosterne-toi, chienne, nous avons retrouvé l'éternel Orphée. Ou plutôt, il nous a retrouvées.
Tu es venu, poète et tu as reconnu ta servante.

Tu as juré de la relever de sa déchéance et tu lui as fait boire le sang de tes blessures. Avec ses cheveux défraîchis, elle a essuyé les plaies qui saignent sur ton torse. Et comme sainte Irène soignant saint Sébastien, c'est avec une plume de merle métallique qu'elle t'a enduit d'un onguent délicat.

Cet onguent n'est rien d'autre que l'art de la scène.

LA SUIVANTE CLEPSYDRE [HORN]. La métaphore est filée jusqu'à l'embrouille !

LA TRAGÉDIENNE. Tais-toi ! Car il fallait que tu vives ! Il fallait que tu vives, pour qu'il y ait en ce monde l'éclair sempiternel et la très haute musique de la bruyère en feu.

LA SUIVANTE CLEPSYDRE [HORN]. La bruyère en feu, c'est elle, ah oui !

*Elle pousse Orion qui tombe.*

LA TRAGÉDIENNE. Venez, suivantes ! Essuyez ce front ! Cette fièvre est le miel des dieux. Nous porterons ce mouchoir sur les ciments froids des cités nouvelles et un vent de sédition animera les conspirateurs adolescents. Venez, suivantes !
*(A la suivante.)* Par-derrière, par le lointain. Ce n'est pas difficile, une ombre. Par le lointain, rasant, frôlant, qu'on te voie à peine !
Catimini !
J'ai joué avec des bêtes, c'est difficile, mais celle-ci ! Enfin, tant que je n'ai pas une jument pour suivante.
Vous souffrez !

ORION. Non, non.

LA TRAGÉDIENNE. Mais si, idiot !
Nous vous aimons mourant, c'est ainsi.
Jouez que vous êtes blessé ! Jouez, imbécile ! Vous avez devant vous la dernière grande voix tragique et vous bredouillez la réplique !
Nous sommes sur le volcan, l'imprécation est le blé des rois.
Dites quelque chose !
*(A la suivante.)* Brûle-le avec le fer à perruque !

ORION. Ah ! oui, je suis blessé, pourquoi ai-je si longtemps caché ma blessure ? J'avais peur que le vent froid ne la colporte chez mes ennemis.

LA TRAGÉDIENNE. Il le faut !
Plaie et exultation, voilà ton alphabet. Place au théâtre ! Cette première scène m'a mise en appétit.
Allons-y !

*(A la suivante.)* La gourde, au fond. Au fond et de dos. Disons que tu tourmentes des braises refroidies. Tu mimes ! Jamais tu ne joueras les reines, jamais. Et à cause de quoi ? A cause du manque de maintien, tout est dans le maintien. Les deux règles essentielles : le maintien d'une reine et ne jamais écouter ses partenaires. Tout juste bonne pour les suivantes. Et les suivantes muettes si possible !
*(Elle tient le texte et lit.)*
O temps !
*(Commentant.)* C'est un magnifique début.
La nuit spirituelle s'est abattue sur la ville.
C'est radical.
La nuit spirituelle s'est abattue sur la ville.
Moi.
Je refais.
Moi.
Non, plus humble.
Moi.
Encore plus humble, l'asticot.
Moi.
Là c'était bien.
Je veux être un modèle de sauvagerie. Vraiment, tu désires cela, cher enfant ?

ORION. Parfois, oui parfois, il y a en moi une force extraordinaire. Je crois que je suis méchant à cet instant et c'est le signe que je suis uni avec la nature. Mais cette cruauté, je dois en faire une petite statue de plâtre.

LA TRAGÉDIENNE. Une statue de plâtre ?

ORION. Oui, un texte.

LA TRAGÉDIENNE *(elle lit).* Je veux qu'on me regarde comme un monstre.

ORION. Excusez-moi, mais ça, c'est le texte de la suivante.

LA TRAGÉDIENNE. Mais, il y en a vingt-deux pages !

ORION. Oui.

LA TRAGÉDIENNE. Et Iphigénie ?

ORION. Une seule réplique. Mais la plus belle.

LA TRAGÉDIENNE. Impossible !

ORION. "Le plus grand désir de l'homme est d'être sacrifié."

LA TRAGÉDIENNE. Le plus grand désir de l'homme est d'être sacrifié ?

LA SUIVANTE CLEPSYDRE [HORN]. Le plus grand désir de l'homme est d'être sacrifié !
*(La suivante prend la place de la tragédienne et reprend en l'imitant.)*
O temps !

LA TRAGÉDIENNE. Mauvais ! Tu fais Iphigénie, je fais la suivante, c'est mieux. Tu l'as ton rôle de princesse ! Tiens, prends la couronne.
Mais reste là-bas, le feu s'est éteint.

LA SUIVANTE CLEPSYDRE [HORN]. Quel feu ?

LA TRAGÉDIENNE. Tu mimes !
*(A Orion.)* Qu'est-ce que la poésie ?

ORION. La passion du réel.

LA TRAGÉDIENNE. Alors ce n'est pas de la… comment disait-on autrefois ?… de la littérature.

ORION. On peut toujours confondre un lion et une descente de lit !

## ———— 4. ————
## tendresse paternelle ou l'évangile de la sardine

*Epitaphe immortalise Sourcevaine dans les bureaux au-dessus de la conserverie de sardines à l'huile.*

SOURCEVAINE. Oh ! Cimérie ! Cimérie, patrie de la douleur et de l'ombre, j'ai fait greffer sur ton schiste infertile un jardin d'acier chantant. Peut-être pourriez-vous me prendre ainsi, contemplant l'usine du haut d'une de mes fenêtres lambrissées de bois rouge. Avec ce sourire-là, voyez-vous, je regarde avec tendresse le bon peuple de Cimérie entrer dans le temple de la sardine. La fabrique ronronne, un fauve fait la sieste.

HORN. Le plus infect, au fond, c'est que vous vous prenez sincèrement d'une tendresse paternelle pour ces Cimériens.

SOURCEVAINE. Vous entendez, ils récitent l'évangile de la sardine. Je me souviens encore du jour où j'ai achevé ce texte, sur un canot de sauvetage !
Ecoutons-les. Ils chantent. Je pleure presque. Immortalisez cette larme. Restons cois !

*Au loin…*

LE CAPITAINE ET LES CIMÉRIENS.
Seul le travail sauve
Tu pêcheras la sardine et tu seras pêché par la sardine
Seul le travail sauve
Tu aimeras la sardine et tu seras aimé par la sardine
Seul le travail sauve
Tu glorifieras la sardine et tu seras glorifié par la sardine
Seul le travail sauve
Tu éplucheras la sardine et tu seras épluché par la sardine
Seul le travail sauve
Tu oindras la sardine et tu seras oint par la sardine
Seul le travail sauve
Tu adoreras la sardine et tu seras adoré par la sardine
Seul le travail sauve
Tu mettras en boîte la sardine et tu seras mis en boîte par la sardine

HORN. Le fouet du capitaine, on ne l'entend pas à cette hauteur. Pourquoi ces tessons de bouteille sous les baies vitrées ?

SOURCEVAINE. Contre les cormorans, ils viennent crotter mon palais ! Ah, si je pouvais me débarrasser de tous ces oiseaux. Ils mangent les sardines, ils crottent mon palais, ils me réveillent la nuit avec leurs cris ! Incapables de chanter dans le même ton ! Le contraire de l'harmonie, et je n'entends plus le ronron de la scie circulaire qui découpe les boîtes.

HORN. Je ne savais pas que vous étiez musicien.

SOURCEVAINE. Je le suis. Mais il a bien fallu venir ici offrir au bon peuple de Cimérie un sens à l'éternel fracas de son rivage.

HORN. Et s'offrir une main-d'œuvre pas chère.
Vous avez fait vernir les tableaux ? On dirait qu'ils brillent plus qu'hier.

SOURCEVAINE. Tous bien vernis !
Regardez la mater dolorosa, elle a rajeuni, c'était pas du luxe.

ÉPITAPHE. Comme le crâne brille au pied de la croix !

SOURCEVAINE. Toutes ces œuvres d'art ne compenseront jamais la compagne que je n'ai pas.
Mais comment trouver une femme à ma mesure ?
Si vous me preniez ainsi, regardant ce Raphaël et rêvant d'une épouse devant le visage de Marie Madeleine.

HORN. Mais comment trouver une femme digne de votre grandeur ?

SOURCEVAINE. Oui, je ne saurais me contenter de quelque rugueuse Cimérienne, elles ont de la moustache, je cherche une tanagra !

HORN. Mélancolique !

Une odeur de pétrole et de soupe rampe dans les rues aux maisons de bois rouge. Que cette ville est triste ! Ils n'ont que trois heures de soleil par jour et puis c'est le cabaret. Savez-vous que Circé s'est installée ici ? Elle a ouvert un tripot. Elle y vend une sorte d'absinthe.

ÉPITAPHE. Un poison qui tue lentement, une émeraude fatale.

SOURCEVAINE. Le capitaine est indulgent avec elle à cause de la poupée. Vous ne trouvez pas que cet homme a toujours eu quelque chose de…

HORN. Bas ?

SOURCEVAINE. Bas. Oui. Je ne supporte pas la bassesse. Tout, mais pas la bassesse !
Tiens, j'avais une bonne expression là. On la refait ?
Je ne supporte pas la laideur !

HORN. Vous avez un teint si délicat.

SOURCEVAINE. J'avoue que je mets un peu de fard. Et ma perruque, elle fait très naturel, non ?

HORN. On en mangerait. Le capitaine n'est pas très poète mais c'est un contremaître efficace ! Il punit durement, mais il est juste.

SOURCEVAINE. Vous voulez parler de l'autoflagellation ?

HORN. On manque de sacrifice. Voilà la cause de toutes les guerres. Mais si chaque semaine on verse un peu de sang sur l'autel, tout est calme à l'horizon. Et les Cimériens sont si moraux ; il faut dire que leurs croyances ancestrales nous ont été utiles, ils croient à une sorte de justice immanente, et ils se flagellent en public dès que…

SOURCEVAINE. … Dès que la production baisse. Ne serait-ce que d'une boîte.

HORN. C'est beau !

SOURCEVAINE. Oh, quand viendras-tu ? Ame rêvée, quand viendras-tu essuyer de ta main délicate le front du travailleur ? Mon portrait officiel fera la couverture de *L'Aurore*, il faut qu'on voie que je suis un homme délicat et qui cache, sous un air rogue, une fêlure. Tenez, je vais flairer cette rose, les yeux clos, comme ça. Dépêchons-nous, la lumière est d'ambre, le soir tombe vite en Cimérie.

ÉPITAPHE. Cette contrée était déjà assez ingrate, mais Sourcevaine l'a définitivement défigurée. Elle était chimère et glace, elle est fumée et labeur.

SOURCEVAINE. Voyez-vous, je suis là, au sommet de mon château, comme les Cimériens appellent cette bâtisse de ciment qui est bien plutôt ma prison, je suis là. Je vois que j'ai aidé ces miséreux à avancer vers leur dignité, et je n'ai pas épargné mes forces, j'ai tout sacrifié pour eux. Je suis là et quelque chose manque.

HORN. Pas Dieu, j'espère ?

SOURCEVAINE. Dieu, c'est le travail. Et le travail ne manque pas. Non. Mais je pense qu'il ne suffit pas de leur donner du pain...

HORN. Et des sardines, tout de même.

SOURCEVAINE. Ne ricanez pas ! Je voudrais leur donner plus.

HORN. Plus que des sardines ?

SOURCEVAINE. Je voudrais que sur cette place, qui est assez laide, il y ait un théâtre ! Un théâtre à la fois ludique et culturel. Bon, ici ils aiment le dressage de chevaux, ce sont des descendants des Mongols. Eh bien, il y aurait des dresseurs de chevaux, mais, en même temps, on jouerait *Le Sacre du printemps*.

HORN. Pourquoi pas Shakespeare joué par des otaries !

SOURCEVAINE. Mais oui pourquoi pas ! Bien sûr, les Cimériens assureraient eux-mêmes les bas travaux du théâtre.

HORN. A leurs heures perdues.

SOURCEVAINE. Ça vaudrait mieux que le cabaret de Circé !
La culture élève l'âme. Sans culture, je n'aurais jamais songé à bâtir la plus grande usine de sardines de l'hémisphère nord !

HORN. Et s'ils préfèrent le cabaret au travail de coulisse ?

SOURCEVAINE. On les vire ! Celui qui s'exclut de la communauté a pour punition d'être exclu de la communauté.

HORN. C'est loyal !

SOURCEVAINE. Un grand théâtre de bois rouge, que j'inaugurerai dans mon prince de galles bleu pétrole.
Vous savez comment je l'appellerai ? Le Théâtre du Peuple !

HORN. Splendide ! Tellement néomarxiste !

SOURCEVAINE. Vous trouvez ? Avec cette devise : "Par l'art, pour l'humanité." Beau, non ?

HORN. Le problème du communisme, c'est qu'il a été mis en application dans un pays pauvre, mais maintenant, en Occident, l'idée est vraiment excellente.

SOURCEVAINE. Et je voudrais aussi imprimer des poèmes sur les couvercles des boîtes. J'ai trouvé ce recueil de petits poèmes bleus. C'est merveilleux ! Hélas, l'auteur est introuvable, mais nous garderons pour lui des droits conséquents. Il y a un poème sur un poisson rouge, c'est très adapté. Et voilà le résultat.

*Il montre la boîte.*

HORN. Tellement culturel !

SOURCEVAINE. Oui, hein ?

HORN. Le capitaine devait passer…

SOURCEVAINE. Il doit traîner au cabaret ! Je ne supporte plus l'odeur de son tabac mêlé à la sueur, cet homme est répugnant.
*(Entre le capitaine.)*
Ah, bonjour capitaine !

LE CAPITAINE. Une jeune Cimérienne a refusé de lire l'évangile de la sardine.

SOURCEVAINE. Ah, le mal est partout !

LE CAPITAINE. Je propose une autoflagellation conséquente.

SOURCEVAINE. Bien.

HORN. Comment va Circé ?

LE CAPITAINE. Foutez-lui la paix.
*(A Sourcevaine.)* Et vous aussi, gros débile ! J'en ai marre de votre folie des grandeurs, gros tas de merde parfumé à la violette.

SOURCEVAINE. Ah qu'il est gaulois ! Gaulois, hein !

HORN. Et si vous pardonniez ?

SOURCEVAINE. Quelle bonne idée, j'irai voir la petite, je la sermonnerai et puis je pardonnerai. Est-elle jolie ?

LE CAPITAINE. Pas vraiment.

SOURCEVAINE *(à Epitaphe).* Alors, vous la photographierez de dos.

HORN. Sourcevaine, vous songez toujours aux élections ?

SOURCEVAINE. Qui d'autre que moi, je serai bien heureux de pouvoir…

HORN. Renoncez !

SOURCEVAINE. Pourquoi ?

HORN. Trouvez plutôt un homme de paille, c'est plus stratège, gardez le bon rôle. Faites comme partout, l'Etat, ça ne vaut plus rien. Le pouvoir, c'est la planche à savon, préférez l'influence.
Faites élire un imbécile et gouvernez dans son ombre.

SOURCEVAINE. Il me faut une femme jolie et pure, un imbécile et une entreprise culturelle, et je serai...

HORN. ... Le roi secret de la Cimérie.

SOURCEVAINE. La Cimérie ! J'aime tant la Cimérie !

## ——— 5. ———
## musique et autres poisons

*Le cabaret de Circé, en Cimérie.*

CIRCÉ. Cette patrie me dégoûte !
Mais les hommes me plaisent, ils essuient leurs couteaux entre leurs lèvres. C'est l'heure de faire ma caisse. J'aime aussi leur façon de crier : "Vive la révolution" quand ils jouissent. Des grands enfants pervers qui n'ont honte ni de rire, ni de pleurer. Au moins ce ne sont pas des bourgeois. Quand ils vous crachent à la gueule, ils ne tendent pas leurs mouchoirs brodés et "excusez-moi je n'ai pas fait exprès". Ils savent jouir, les bougres, et comme ils n'ont rien, ils savent jouir de tout.
*(On frappe.)*
C'est toujours à l'aube que le capitaine frappe au carreau. Entrez, marin !
*(A un serveur.)* Va chercher deux verres propres, et barre la porte.

LE CAPITAINE. Comment va la poupée ?

CIRCÉ. Plus tard.
On dit que Sourcevaine rêve d'éduquer les masses. C'est vrai ? "Par l'art, pour l'humanité !"
S'il savait, s'il connaissait les Cimériens comme je les connais, s'il avait écouté une seule de leurs complaintes, en langue ancienne, avec des mélodies grises.

LE CAPITAINE. Il parle de théâtre, je pense que c'est pour contrecarrer celui qui se fait ici.

CIRCÉ. Tu vois, il y a une tache de sang sur le parquet.

Ici, ce n'est pas un théâtre, tout le contraire. Les Cimériens sont violents quand ils ont bu, violents et beaux, tragiquement. Nous avons eu une soirée difficile.

Hé, l'idiot ! Viens nettoyer.

*(Le serveur entre avec un balai.)*

Il y a même une dent. L'odeur du sang me rend mélancolique.

Horn est au château ?

LE CAPITAINE. Rien de neuf, il élabore ses pièges.

CIRCÉ. Je tiens les Cimériens par les parties basses. Tu sais ces fleurs que tu m'avais offertes ?

LE CAPITAINE. Pas à toi.

CIRCÉ. Oui, les fleurs pour la poupée, et j'avais gardé les tiges coupées. Eh bien je fais une liqueur verte avec ces tiges. La liqueur d'ancolie ! Plus douce que l'absinthe mais l'ivresse est meurtrière, sa nuit est charitable, elle sourit aux oubliés du sort.

Horn et Sourcevaine ont désespéré ce pays. Je leur apporte des rêves de vengeance dans une grande crue verte.

LE CAPITAINE. Toi-même, tu n'es rien d'autre.

CIRCÉ. Oui. Musique et autres poisons !

LE CAPITAINE. Musique et autres poisons !

CIRCÉ. On dit qu'il y a un peu de révolte à la fabrique ?

LE CAPITAINE. Ça fermente. Nous avons perverti ce pays en peu de temps. Il se relève, ils ne vont pas passer leur vie à manger des sardines en boîte !

S'ils m'égorgent un jour, au fond, je serai rassuré sur le sort de l'humanité.

CIRCÉ. Bientôt j'ouvrirai le sceau final. Une trompette résonnera et des chevaux pâles mangeront les yeux des empereurs. Il suffit que je ferme le robinet de mon alcool d'ancolie. Ils feront ce que je veux.

LE CAPITAINE. Tu l'aimes encore ?

CIRCÉ. Oui, je l'aime.

Je le piste comme un gibier. Sinon pourquoi venir dans ce désert ?

Il a bien souffert pour l'enfant ?

LE CAPITAINE. Tu sais qu'il l'a gardé ? Dans un bocal. Il l'a avec lui.

CIRCÉ. Ce qui me manquait, c'est un piège pour les buveurs d'eau.

LE CAPITAINE. Tu as trouvé ?

CIRCÉ *(elle montre le serveur)*. Lui. L'idiot. Il prophétise !
Crois-moi, toutes les drogues ne sont rien, comparées à ses versets
incohérents. Il promet un temps meilleur !
C'est le cyanure de l'espoir !
Ses prophéties les ensorcellent comme un vice intelligent.
Le cabaret ferme, il range les tables, nettoie les taches et met sa robe.
Il a un vieux lustre de cristal qu'il interroge et, dans les arpèges de ses
morceaux de verre, il entend les clameurs d'un temps nouveau.
Il dit que chacun y aura sa place.
Ses yeux se révulsent et tout ce qu'il a contenu de douleur et d'humi-
liation pendant la nuit s'évapore au matin en des formules ésotériques
qui flattent en eux je ne sais quelle nostalgie d'un vent sacré. Le destin
de la Cimérie coule par sa bave.

LE CAPITAINE. Répugnant. Ré-pu-gnant.

CIRCÉ. Tu ne le reconnais pas ? Il a été de ton équipage.
Le jeune Acamas.

ACAMAS. Je dors, ici, aux confins du monde et de ma déchéance !

LE CAPITAINE. Acamas ? Non !

CIRCÉ. Il a essayé de se tirer une balle dans la tête, avec, c'est tordant,
un pistolet d'alarme.

ACAMAS. Faut-il que l'on vende mes dents pour le collier de perles de
la dernière heure ?

CIRCÉ. Ça a fait un bel éclair rouge, il s'est brûlé la moitié du visage.

ACAMAS. Y a-t-il une impératrice cruelle pour dessiner sur la peau des
conjurés de Dieu l'arabesque ésotérique ?

LE CAPITAINE. Il est toc toc !

CIRCÉ. J'avais besoin d'un palefrenier, je l'ai ramassé où vous l'avez
laissé, Tanger !

LE CAPITAINE. Un palefrenier ? Mais tu n'as pas de chevaux.

ACAMAS. La bête a perdu ma trace ? Non, elle est là, fière, avec ses
yeux jaunes. Faut-il paver les églises avec les ardoises effacées de
notre histoire ?

CIRCÉ. Et puis j'ai pensé faire de l'or avec son babil.

ACAMAS. On rêve encore du son de la cloche à l'ombre des falaises !

LE CAPITAINE. Et elle ?

CIRCÉ. Autant te le dire, elle s'est laissé acheter.

ACAMAS. J'étais indigne de la clameur des gibiers traqués dans les bruyères noires.

LE CAPITAINE. Va la chercher.

*Acamas va chercher la poupée qui est couverte de bijoux.*

CIRCÉ. Tu vois ces bijoux ?

LE CAPITAINE. Oui.

CIRCÉ. Elle aime tant les bijoux.

LE CAPITAINE. Retire-lui ça.

ACAMAS. Capitaine, il faut lui pardonner.

LE CAPITAINE. Chienne ! Sa bouche et son vagin sont la poubelle du monde.

ACAMAS. Vous voulez que je la lave ?

LE CAPITAINE. Non. Je vais la corriger, il faut qu'elle apprenne.

*Il lui donne la fessée.*

ACAMAS. Oui. Elle s'est vendue, horriblement. Plusieurs à la fois et certains étaient très sales.

LE CAPITAINE. En sueur !

CIRCÉ. Oui, ils sortaient de la fabrique.

LE CAPITAINE *(à Acamas)*. Tu les as regardés ?

ACAMAS. J'ai fait ce que Circé me demande.

LE CAPITAINE. Elle a pris du plaisir ?

ACAMAS. Oh ! elle criait.

LE CAPITAINE. Imite-la !

ACAMAS *(il imite)*. Le feu ! Le feu entre dans ma bouche !
C'est l'or des derniers commerces qui brille au fond de ma cale.

Pourquoi la nuit coud-elle ses bouquets avec l'haleine des jeunesses déçues ? On a volé les pièces de monnaie déposées sur les yeux du roi mort.
*(Il met la tête dans le seau.)*
L'heure des lampes est venue si tôt que je n'ai pas eu le temps de broder ma chemise avec les cosmogonies promises !
Qu'on incendie ma jeunesse ! Qu'on défigure mon épopée, qu'on piétine les mèches coupées de mes cheveux ! Il n'y a plus de miséricorde divine.

CIRCÉ. Il prophétise encore. Vous lui avez donné à boire ?

LE CAPITAINE. Non.

CIRCÉ. Il ne faut pas.

LE CAPITAINE. Les cris, juste les cris ! Fais les cris !
*(Acamas gémit.)*
Combien étaient-ils ?

CIRCÉ. Une vingtaine.

LE CAPITAINE. Sales ?

CIRCÉ. Très sales, je vous l'ai dit, il y avait même un équarrisseur.

LE CAPITAINE. Salope ! Salope ! Chienne !

*Le capitaine frappe la poupée avec un bâton.*

ACAMAS. Elle saigne.

LE CAPITAINE. Pardon. Pardon ma reine ! Je t'aime.
Je ne supporte plus ce ciel bas, je ne supporte plus ce pays sans lumière !
Je t'emmènerai loin de ce pays. Dis, tu veux ?

CIRCÉ. Elle me doit encore beaucoup d'argent.

ACAMAS. Faute d'instruments sincères, le verre brisé sonne encore, c'est le souvenir d'un ressac idéal qui m'a mené jusqu'à ce Golgotha !

LE CAPITAINE. Je te paierai. Et nous partirons, elle et moi.
Je l'aime. Pardonne-moi.
Je vais la purifier.
Je vais boire le lait de l'abjection qui coule entre ses cuisses.

*Il lèche la poupée.*

CIRCÉ. Va te préparer pour ta prophétie. Acamas ? Est-ce que je te traite assez mal ?

ACAMAS. Combien seront-ils ?

CIRCÉ. Une dizaine.

ACAMAS. Je voulais de la brume comme encens, je voulais le miel des expiations dans une coupe mercurée !
Pourquoi a-t-il fallu que je tombe ? Oh !

CIRCÉ. Tais-toi ! Rien ne me fait plus mal que de t'entendre gémir.

ACAMAS. Je voulais Dieu, je présumais de ma patience, je ne voulais pas de l'odeur rance des leçons de dévoterie !

CIRCÉ. Je dois t'aimer. C'est ce qui m'horrifie. J'aime encore.

ACAMAS. Mais le grand soleil dévastant les fleurs pâles !

CIRCÉ. Habille-toi.

ACAMAS. Mon iris était un lac immense et froid ! J'étais pur comme une arme qui n'a jamais manqué sa cible !

CIRCÉ. J'astique ton lustre ?

ACAMAS. Non, je le ferai faire par l'un d'eux.
Pourquoi a-t-il fallu que je tombe ?

ACAMAS ET LE CAPITAINE *(qui a joui).* O Seigneur !

LE CAPITAINE. Le monde est vide, Circé. Où sont mes bateaux ?

CIRCÉ. Dégrisé ?

LE CAPITAINE. Oui. C'est un ver qui mange ma cervelle.
La douleur monte, elle devient claire et pure, matinale.
Je ne pense plus qu'à oublier un peu, oublier que j'ai échoué.
Sais-tu que j'ai été jeune ?
Avec la poupée, la douleur s'est tue, j'oublie un peu la sentence de l'âge et ce monde.
Le vide, le vide, le vide !

## le mariage d'Espérance

*Un village pillé.*

LE COMMANDANT. ILF. Il le faut. Combien de manteaux armoriés de ces trois lettres ? L'idée a incendié le pays. Le devoir de mort brodé en arabesque, né d'une inflexion de ma voix, il a fleuri sur les cœurs.

*Samovar et Solution maltraitent un paysan.*

SAMOVAR [HORN]. Es-tu avec nous ou contre nous, je ne vois pas les lettres brodées…

ARIEL [ESPÉRANCE]. Il est muet.

SOLUTION [ÉPITAPHE]. On l'égorge ou on le pend ?

SAMOVAR. Tu as une fille ? Il a peut-être une fille, ça le sauverait. Le commandant a son regard lubrique.

LE COMMANDANT. Faites ça dehors !
*(Ils emmènent l'homme.)*
Pendant la guerre il y avait de l'espoir, mais cette paix est abjecte. Silence complice, on piétine les derniers surgeons de la révolte et de la dignité.
La paix est ingrate avec la gloire des chefs de guerre, vite couronnée elle s'aigrit, l'amour pur est changé en haine. Si au moins on me faisait un beau procès, mais rien. Ces chevaux aveugles mangent de la viande. Ah, mes mains puent ! Je suis les mains du monde.
La cérémonie du matin. Un, deux, trois, quatre, cinq, six, sept, huit, neuf…
*(Le bouchon cède.)*
Le jour est venu.

*Solution entre poussant devant lui Jason.*

SOLUTION [LE CAPITAINE]. Il a un fils.
On l'a trouvé dans le poulailler.

ESPÉRANCE. Tu as des plumes dans les yeux, petit bélier.

SOLUTION [ÉPITAPHE]. Tu as une sœur ?

JASON. Il n'y a que moi.

LE COMMANDANT. Tu ne peux pas comprendre, il me faut une fille, trois jours que la sève monte. Tuez-les, tous les deux, attachez le fils au père et pendez-les à un arbre.

Si tu joues bien la fille, je ne tuerai pas ton père. Le vieux sanglote à genoux dans la cour. Aucune dignité. Demandez-lui s'il accepte qu'on s'amuse un peu avec son fils.

*(A Espérance.)* Fais-moi une fille de ça, tu veux ?

JASON. Si je joue bien la fille, vous ne le tuerez pas ?

LE COMMANDANT. Non.

JASON. C'est un brave type.

ESPÉRANCE. Qui ?

JASON. Le vieux, je l'aime. Faites de moi ce que vous voulez, j'ai l'habitude de la douleur. Mais laissez-le vivre et moi aussi.

LE COMMANDANT. Pourquoi vivre ? Dans quel monde ? S'il existait un homme, un homme capable d'un désir pur.

ARIEL [ESPÉRANCE]. Acamas.

LE COMMANDANT. Qui est Acamas ?

ARIEL [ESPÉRANCE]. Un amour d'autrefois. Il frappait les mendiants.

LE COMMANDANT. J'aime ça.

ARIEL [ESPÉRANCE]. Et puis quand le mendiant le haïssait, il lui donnait ce qu'il avait, il s'asseyait près de lui dans la boue et il parlait de Dieu.

LE COMMANDANT. Croyait-il à une Eglise nouvelle ?

ARIEL [ESPÉRANCE]. Il y croyait, oui. Il croyait à une Eglise du cœur. Il rêvait d'écrouler cette parodie d'Eglise et aussi d'incendier les musées. Il voulait un peuple d'exaltés avec des cannes d'or pour briser les vitrines et mesurer les arpents de la Jérusalem céleste. Et aussi tatouer la croix sur sa peau avec un fer à bestiaux. Moi, j'étais son frère.

LE COMMANDANT. Qu'est-il devenu ?

ARIEL [ESPÉRANCE]. Rien.

LE COMMANDANT. Rien ?

ARIEL [ESPÉRANCE]. Rien qui soit digne de ses larmes de joie quand nous nous étions enivrés de paroles.

JASON. Voilà une raison de vivre.

LE COMMANDANT. Quoi ?

JASON. Retrouver Acamas et tresser sa couronne.

LE COMMANDANT. Le bouchon du couvercle a cédé.

ARIEL [ESPÉRANCE]. C'est aujourd'hui.

*Espérance habille Jason avec sa robe rouge.*

LE COMMANDANT. Maquille-le, parfume-le.
*(Elle le maquille et le parfume.)*
C'est quoi ton nom ?

JASON. Jason.

LE COMMANDANT. Trouve-lui un nom de promise.

ARIEL [ESPÉRANCE]. Espérance ?

LE COMMANDANT. Oui ! Oui ! Espérance, c'est cruel !

SOLUTION [ÉPITAPHE]. Le vieux a dit : "Faites ce que vous voulez de mon fils. Je veux vivre."

LE COMMANDANT. Ton père t'a abandonné.

ARIEL [ESPÉRANCE]. Est-il assez maquillé ?

LE COMMANDANT. Non. C'est mon cercueil.
Je vais cueillir un bouquet pour ma promise.

ARIEL [ESPÉRANCE]. Tu as peur ?

JASON. Il y a des lettres épinglées sur la robe.

ARIEL [ESPÉRANCE]. Ce sont les lettres que je n'ai pas envoyées à Acamas.

JASON. Acamas, c'est l'homme pur dont tu parlais tout à l'heure ?

ESPÉRANCE. Oui.

JASON. Et tu ne les as pas envoyées ?

ESPÉRANCE. Non.

JASON. Pourquoi ?

ARIEL [ESPÉRANCE]. Il était sur la mer.

JASON. Tu pleures ?

ARIEL [ESPÉRANCE]. Mon miroir ! Je ne sais plus écrire. La main droite est paralysée. Ni écrire, ni bénir. C'est la même chose.

Tu peux le croire, nous voulions Dieu, autrement que dans la moisissure du renoncement.
Gentil miroir, dis-moi, pourrai-je revivre ?

JASON. Tout reviendra.

ARIEL [ESPÉRANCE]. Et Acamas m'aimera encore ?

JASON. Il t'aimera. Ne pleure pas.

ARIEL [ESPÉRANCE]. Tu pleures toi aussi, miroir !

*Entre le commandant.*

LE COMMANDANT *(au vieux)*. Alors, on vend son fils ?
*(Il le tue. Il couronne Jason de fleurs et donne un revolver à Espérance.)*
Quand je dirai : "Il le faut !"

ARIEL [ESPÉRANCE]. L'heure n'avait pas d'importance ?

*Entrent Samovar et Solution.*

SAMOVAR [HORN]. Qu'est-ce qu'on célèbre ?

LE COMMANDANT. Mon mariage avec l'Espérance.

SOLUTION [ÉPITAPHE]. Jolie !

LE COMMANDANT. Samovar, tu seras mon premier témoin et toi Solution, le deuxième.
Ariel sera l'officiant. Vous avez entendu ? Le chant d'une alouette. Je n'en avais pas entendu depuis…

ARIEL [ESPÉRANCE] *(la cérémonie commence)*. Espérance, veux-tu prendre le commandant… ? Je n'ai jamais su son nom.

LE COMMANDANT. Disons Anaphore, puisque je resterai célèbre par une anaphore.

ARIEL [ESPÉRANCE]. Espérance, veux-tu prendre le commandant Anaphore pour époux ?

JASON. Oui, je le veux.

ARIEL [ESPÉRANCE]. Commandant Anaphore, voulez-vous prendre Espérance pour épouse ?

LE COMMANDANT. Je le veux.

ARIEL [ESPÉRANCE]. Les témoins signent sur son dos.

SAMOVAR [HORN]. Je ne sais pas écrire.

SOLUTION [ÉPITAPHE]. Frappe, ça fera un bleu.

ARIEL [ESPÉRANCE]. Les bagues ?

SOLUTION [ÉPITAPHE]. Un fil de fer.

*Le commandant enfonce un harmonica dans la bouche de Jason.*

LE COMMANDANT. Tiens, mords.

ARIEL [ESPÉRANCE]. Est-ce que quelqu'un s'oppose à ce mariage ?

SAMOVAR [HORN]. Nous venons de tuer son père, ce n'est pas moral.

LE COMMANDANT. Il sera vengé.

ARIEL [ESPÉRANCE]. Je vous déclare mari et femme.

LE COMMANDANT *(à Jason).* Relève ta robe.
*(A Solution.)* Lis ce poème pendant que j'opère.
*(Il caresse son cul blanc.)*
La neige sur une tombe.

SOLUTION [ÉPITAPHE] *(il lit le poème).*

> Que vienne l'aube d'un temps nouveau !
> Les fils du soleil, couronnés de fleurs brûlées,
> dansent férocement sur le cimetière du siècle.
> Quelle cruauté fraîche pourrait décacheter le sceau d'impiété ?
> Que les fils se révoltent contre les pères !
> Que les frères se révoltent contre les frères !
> Il est temps de tisser d'autres castes
> avec la laine noire des bêtes qui courent vers la mer !
> "Quand Dieu se tait c'est qu'il va écrire", dit l'oracle.
> Mes frères, dites-moi.
> Dites-moi : faut-il marcher vers l'ouest
> avec au visage le sourire confiant des pèlerins d'autrefois ?

LE COMMANDANT. Il le faut !

*Espérance le tue. Samovar lui vole sa montre. Solution lui donne un coup de pied, ils se serrent la main et s'en vont chacun de leur côté.*

ARIEL [ESPÉRANCE]. Rends-moi la robe.

JASON. Non, je veux rester comme ça.

ARIEL [ESPÉRANCE]. Bien. Alors, Espérance, tu es libre.

JASON. Je n'y crois pas.

ARIEL [ESPÉRANCE]. Quoi ?

JASON. J'ai eu du plaisir.

# 7.

## duel de tragédiennes

*Toujours les tréteaux de la tragédienne.*

LA SUIVANTE CLEPSYDRE [HORN]. Tu souffres, Orion ?

ORION. Je suis seul. Je suis seul. Désormais, toujours.

LA SUIVANTE CLEPSYDRE [HORN]. Désormais ? Quelque chose a été brisé ?

ORION. Oui. Judicaël est mort.

LA SUIVANTE CLEPSYDRE [HORN]. Ce n'était qu'un enfant de cire.

ORION. Ce n'était qu'un enfant de cire, mais une partie de ma joie est morte avec lui. Je me sens sombre, moi qui me contentais de mettre ma tête sous l'eau fraîche.
Avec cet enfant, j'avais un frère, peu m'importe qu'il ait été de cire, ce frère me manque.
Mon poème, chaque jour, est atrophié par le manque d'idéal de notre siècle.
Ce siècle confesse dans ses plus sombres accords son manque absolu de confiance en la providence divine, sa misère symbolique, sa corruption avec les puissances visibles, la démission de toute pensée qui ne soit pas raison, raisonnage, raisonnerie.
C'est à moi d'affronter la détresse séculière.

LA SUIVANTE CLEPSYDRE [HORN]. Ambitieux.

ORION. Mais qu'il me soit donné de connaître des insurgés comme moi.

LA SUIVANTE CLEPSYDRE [HORN]. Alors c'est une prière que nous jouons. Nous jouons ta prière pour la rencontre d'un frère.

ORION. O Espérance, Acamas ! Judicaël ! Je donnerais tout pour vous retrouver dans les yeux d'un autre. Je tiens à ce spectacle comme je tenais au salut de cet enfant.

*Entre la tragédienne.*

LA SUIVANTE CLEPSYDRE [HORN]. Je crois qu'il faut que tu lui dises.

ORION. Quoi ?

LA SUIVANTE CLEPSYDRE [HORN]. Orion te destitue.

LA TRAGÉDIENNE. Impossible, je suis la voix !

ORION. Moi ?

LA SUIVANTE CLEPSYDRE [HORN]. Je t'ai compris à demi-mot, tu veux que je reprenne le rôle.

LA TRAGÉDIENNE. Je suis la grande voix au timbre oxydé, la lyre ébréchée ! Je suis le masque entaché des libations puantes, je suis le bois embrasé de l'arche, je suis l'ultime pupitre au silence de la parole !

LA SUIVANTE CLEPSYDRE [HORN]. Je propose un concours.

ORION. C'est cruel.

LA SUIVANTE CLEPSYDRE [HORN]. Je propose que nous jouions à tour de rôle la première scène de la suivante.

LA TRAGÉDIENNE. Un duel ? Avec celle qui est destinée à me masser les pieds après qu'ils ont pleuré ?

LA SUIVANTE CLEPSYDRE [HORN]. Une audition.

LA TRAGÉDIENNE. Après tant d'années au service du drame !
Je relève le pari.
Regarde !
O Temps
La nuit spirituelle s'est abattue sur la ville.
Moi, je veux être un modèle de sauvagerie. Je veux qu'on me regarde comme un monstre. Quand j'aurai consumé toute raison, le dieu du possible entrera triomphant dans les villes qui m'ont ignorée. Oui, je veux ce martyre-là. Et je serai nue, sifflotant l'air de la reddition avec un tambour de papier crevé, nue, sur la place, offerte enfin !
Mais qu'on ne me prêche plus l'empire des consolations muséales, je veux gémir sous les sangles, je veux les amours typhoniques, je veux les coups de l'horloge frappés dans la maison de marbre, je veux une insurrection totale du corps et de l'âme !

LA SUIVANTE CLEPSYDRE [HORN]. A moi. *(Elle joue le rôle à son tour.)*

ORION. Autant en faire une comédie. Au fond, la parodie, c'est toujours plus beau que l'original.

LA TRAGÉDIENNE. Bien, je vais attiser le feu, là-bas dans le fond du tableau ! Avec quelle humilité, quelle détresse contenue. On ne peut pas m'enlever cela.

ORION. Quoi ?

LA TRAGÉDIENNE. Le feu !

LA SUIVANTE CLEPSYDRE [HORN]. Et si on mangeait quelque chose pour fêter ça !
*(A la tragédienne.)* Tu veux partager nos sardines ?

ORION. Incroyable, quelqu'un a imprimé un de mes poèmes sur ces boîtes de sardines. C'est en Cimérie.

LA SUIVANTE CLEPSYDRE [HORN]. C'est loin !

ORION. Il me doit quelque chose !

LA SUIVANTE CLEPSYDRE [HORN]. Dix sous.

ORION. Par sardine.

LA SUIVANTE CLEPSYDRE [HORN]. Ça fait beaucoup !
De quoi construire un théâtre peut-être !

ORION. Eteins le feu, nous partons pour la Cimérie.

———— 8. ————
## encore un miroir brisé

*Sur la route.*

ARIEL [ESPÉRANCE]. Adieu Espérance. Ton chemin, c'est cette petite sente noire qui tourne après l'arbre creux. Moi c'est la piste qui monte vers la montagne. Les lettres ? La couronne ?
Qu'espérer, Espérance ?

ESPÉRANCE [JASON]. Je suis Espérance désormais. Une petite sente noire, brûlée et piétinée, j'en ferai un grand chemin. La pensée d'Acamas me donne envie de courir. Regarde, des ailes à mes chevilles, non ?

ARIEL [ESPÉRANCE]. Méfie-toi, Espérance tue ceux qui l'aiment.

ESPÉRANCE [JASON]. Peut-être que Jason pourra déjouer les sortilèges qui planaient sur ses cheveux ?

ARIEL [ESPÉRANCE]. Peut-être joueras-tu Espérance mieux que je n'ai su le faire.

ESPÉRANCE [JASON]. Qui est Ariel ?

ARIEL [ESPÉRANCE]. Presque rien, un jeune garçon apeuré, mais sans haine, sans horizon, je crois.

ESPÉRANCE [JASON]. Tu es si jeune.

ARIEL [ESPÉRANCE]. Jeune, ça ne veut rien dire.
Ariel a vécu une saison. Danse avec les spectres ; il a pataugé dans la grande boue magnifique, la marne grasse, pleine de sang et de poison. Que reste-t-il de lui ? Que reste-t-il de moi ?

ESPÉRANCE [JASON]. Oh, fais-moi un cadeau d'adieu. Avant de m'envoler, il me manque l'essentiel. Comment jouer Espérance si je ne connais pas le sourire de l'Espérance ?

ARIEL [ESPÉRANCE]. Je te le donne, tu vois, il est simple.

ESPÉRANCE [JASON]. Et le miroir sourit tout aussi simplement.

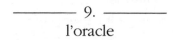

## 9.
## l'oracle

*Le cabaret de Circé.*

CIRCÉ. Il faudra le ménager, la nuit a été terrible.
Si vous le tourmentez trop, il tombera en catalepsie, comme le jour où le défroqué lui a fait réciter le Pater. Je le répète, si vous le malmenez tout est fini.
Je vais le chercher.
Vous assisterez à l'oracle, capitaine ?

LE CAPITAINE *(avec sa poupée sur les genoux, il la coiffe).* Quoi nous en empêche ?

CIRCÉ. Votre incrédulité.

*Entrent les Cimériens qui viennent écouter l'oracle. Un jeune Cimérien, un vieux Cimérien, un Cimérien dévot, un Cimérien inquiet, un Cimérien exalté, un Cimérien à la cicatrice.*

LE CAPITAINE. Vous ne croyez pas à mon amour pour la poupée et c'est moi l'incrédule. Je serai là dans l'ombre, oubliez-moi.

UN CIMÉRIEN INQUIET. Est-il insolent de parler de la fabrique devant le capitaine ?

LE CAPITAINE. Oubliez-moi ! J'ai l'air d'un policier avec ce pantalon sur les genoux et cette poupée hideuse que je coiffe. Je coiffe ma poupée, là dans l'ombre, c'est assez m'humilier devant vous.

UN CIMÉRIEN DÉVOT [HORN]. Obscénité !

LE CAPITAINE. Je n'apprendrai pas l'obscénité au clan des dévots.
Que la langue de feu descende sur vos perruques et vous vous
tortillerez en bavant, un parfait régiment d'asticots !
Entre vermines, on peut se le dire, une charogne en vaut une autre,
ma poupée contre votre spiritisme.

*Entre Acamas déguisé en prophète avec le lustre.*

UN CIMÉRIEN DÉVOT [HORN]. Le voilà !

UN JEUNE CIMÉRIEN. Il a l'air épuisé.

ACAMAS. Le lustre, il faut dépoussiérer le lustre !
Je vais choisir… Lui !

UN VIEUX CIMÉRIEN. Pourquoi lui ?

ACAMAS. Parce qu'il a une cicatrice sur le front.

LE CIMÉRIEN A LA CICATRICE. Que dois-je faire ?

ACAMAS. Frotter les cristaux avec la peau de chamois. Et puis agiter le
lustre tout autour de ma tête.
Tout le jour j'ai été inquiet, inquiet que le lustre ne chante pas, inquiet
que tant de mauvaises actions dans la ville l'empêchent de chanter. Il
faudra frotter fort. Un jour il ne chantera plus.

UN VIEUX CIMÉRIEN. Un jour il ne chantera plus car il n'y aura plus
personne pour réclamer son cristal, nous sommes déjà peu
nombreux…

ACAMAS. Oh non, non !

*Il tombe.*

CIRCÉ. Vous l'avez désespéré !

LE CAPITAINE. Pardon ! Oracle, pardon !

UN JEUNE CIMÉRIEN. Taisez-vous !

LE CAPITAINE. Ce n'est pas moi, c'est ma poupée.

UN CIMÉRIEN DÉVOT [HORN]. Le lustre ne chantera pas tant que le
capitaine sera là à ricaner.

ACAMAS. Vous-mêmes vous ricanez ! Le capitaine, lui, ne triche pas !

UN CIMÉRIEN INQUIET. Pourquoi lui, pourquoi est-il digne de tenir le
lustre ? C'est la première fois qu'il vient.

UN VIEUX CIMÉRIEN. Fais-lui passer une épreuve.

ACAMAS. Oui. Plante-toi un couteau dans la cuisse.

CIRCÉ. Non !

UN CIMÉRIEN EXALTÉ. S'il veut tenir le lustre !

ACAMAS. Non, je me suis trompé, ça c'était hier. Il fallait venir hier, quand les oiseaux violets n'avaient pas fui la ville. Aujourd'hui c'est le plus ancien qui doit tenir le lustre. Toi.

UN JEUNE CIMÉRIEN. Je crois qu'il nous faudra aussi le moulin à café et le crachoir.
Qui a de la salive à revendre ?

UN CIMÉRIEN EXALTÉ. Moi.

ACAMAS. Crache dans ce vase en porcelaine quand la manivelle tournera.
Toi tu tourneras la manivelle.

UN CIMÉRIEN INQUIET. Faudra-t-il aussi frapper la viande ?

ACAMAS. Oui, vous avez apporté une belle pièce de viande ?

UN JEUNE CIMÉRIEN. La voilà.

ACAMAS. Frappe-la avec tes souliers quand la manivelle tournera. Tourne la manivelle. Crache dans le vase. Toi agite le lustre. Oui, plus loin, plus près, plus loin, encore, maintenant reviens ! Non non. Il y a quelqu'un qui empêche la cérémonie.

UN CIMÉRIEN INQUIET. C'est lui, il couche avec un apprenti !

ACAMAS. Non, vraiment, le diable est là. Parmi vous. Je le reconnaîtrai à son odeur.
*(Il les flaire.)*
C'est lui, c'est lui !
*(Il désigne le Cimérien exalté qui est mis à la porte. La cérémonie reprend.)*
Le lustre commence à frémir.
Un cheval pâle entre dans la ville.

UN CIMÉRIEN DÉVOT [HORN]. C'est un emblème cimérien.

ACAMAS. Il porte la croix noire des reliquaires anciens. Son sabot est entravé avec des banderoles brodées des lettres Y et V.

UN VIEUX CIMÉRIEN. Ce sont les lettres de la révolte et de la victoire, en cimérien ancien. Le cheval, c'est la colère des justes.

ACAMAS. Le cheval se couche sur le dos, son côté droit est parfumé par une femme aux cheveux blancs.

UN VIEUX CIMÉRIEN. Cela veut dire que nous devons l'accueillir.

UN CIMÉRIEN INQUIET. La femme aux cheveux blancs, c'est la patrie !

ACAMAS. La mort tient dans ses bras un agneau sans tête.

UN VIEUX CIMÉRIEN. C'est notre peuple.

ACAMAS. Le cheval désire manger un poisson d'or.

UN JEUNE CIMÉRIEN. La sardine ?

UN VIEUX CIMÉRIEN. C'est propitiatoire, pas syndicaliste !

UN CIMÉRIEN DÉVOT [HORN]. Le cheval dit qu'il est de notre côté, c'est pour cela que la femme l'a parfumé du côté droit. Et le poisson d'or, c'est la foi !

ACAMAS. Le cheval danse. La mort est sur lui, elle porte un oiseau violet. Autour de lui sont allumés des feux qui pâlissent. Vous devrez construire de grands soufflets.

UN VIEUX CIMÉRIEN. Quand ?

ACAMAS. Quand le cheval entrera dans la ville, vous saurez qu'il est temps de désigner le justificateur.

UN VIEUX CIMÉRIEN. Comment le reconnaître ?

ACAMAS. Il est parmi vous.

UN JEUNE CIMÉRIEN. Lequel ? Lequel ?

CIRCÉ. Il s'est évanoui.

UN CIMÉRIEN INQUIET. Il faut qu'il nous dise son nom ! Parle.

ACAMAS. J'ai mal à la tête.

UN JEUNE CIMÉRIEN. Parle !

ACAMAS. Non, le justificateur n'est pas parmi vous, il viendra de l'ouest.

LE CAPITAINE. Le rideau tombe, le rideau se lève, le rideau tombera encore. Ce n'est pas une prophétie, c'est de l'analyse politique, je connais les mutineries !

CIRCÉ *(aux Cimériens)*. Sortez ! Vous allez le tuer. Payez et sortez ! *(Au capitaine.)* Qu'en penses-tu ?

LE CAPITAINE. Nous les mènerons où nous voulons.

ACAMAS. Si toutefois…

LE CAPITAINE. Quoi ?

ACAMAS. Si Acamas n'est qu'un faux prophète…

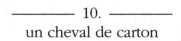

## 10.
## un cheval de carton

*Les tréteaux de la tragédienne sur la grande place de la Cimérie.*

ORION. Mais nous n'avons pas de cheval.

SOURCEVAINE. Justement en voilà un. Je l'ai fabriqué moi-même dans une caisse d'emballage.

HORN. Il faut un cheval, c'est indispensable, sans quoi les Cimériens mépriseront votre œuvre.

ORION. Je ne vois pas ce que ce cheval ferait dans "La Fusion des miroirs".

SOURCEVAINE. Iphigénie, quelle merveilleuse histoire, c'est bien cette fille qui veut enterrer son frère ?

ORION. Absolument.

SOURCEVAINE. Ah, quel don merveilleux que le don d'écrire ! Enfin, faites un peu de place dans vos paragraphes pour ce cheval, nous tenons beaucoup à notre cheval. Vous ne méprisez pas les chevaux ? Le dressage de chevaux est une des grandes écritures du XXᵉ siècle.

ORION. Parlons de mes droits d'auteur.

HORN. Mais, cher ami, la providence vous a conduit jusqu'à nous et nous saurons la récompenser, du moins avec notre estime.
Le Théâtre du Peuple est entièrement gratuit… des deux côtés.

ORION. Je parle d'autre chose, je parle du poème sur les boîtes.

SOURCEVAINE. Vous êtes en Cimérie, les lois ici n'ont pas la rectitude du continent.

ORION. Ce qui veut dire ?

SOURCEVAINE. Qu'il faut oublier ces droits.

HORN. Je propose une solution. Nous vous payons ces droits sur trente ans, sous forme de solde et en échange de quoi vous faites entrer le cheval.

ORION. Ai-je le choix ?

HORN. Non. Un cheval pâle. Et une vieille légende veut qu'une femme le parfume et qu'il soit monté par la mort. La mort avec un oiseau violet.

ORION. Bien, donnez-moi la liste.

HORN. On vous achète facilement.

SOURCEVAINE. Ne soyez pas vulgaires ! Tout mais pas la vulgarité. Ah ! je ne supporte plus d'entendre parler d'argent ! Voulez-vous voir ma fiancée ?

HORN. Une fiancée ? Merveilleux, Sourcevaine ! La Cimérienne rebelle, vous l'avez charmée.

SOURCEVAINE. Mais non, voyons ! Elle était plus grande que moi, elle a refusé mon pardon, je l'ai giflée et...

HORN. ... Elle l'a assommé.

SOURCEVAINE. Regardez ma plaie, ça suppure depuis trois jours. Elle le paiera !

HORN. Alors cette promise ?

SOURCEVAINE. Une fille de chez nous au teint de lait. Vous voulez voir sa photo ?

HORN. Volontiers. Ravissante. Ça vous intéresse ?

ORION. Non, j'aimerais qu'on fixe le montant de ma solde.

SOURCEVAINE. Vous êtes odieux !

HORN. Comment l'avez-vous rencontrée ?

SOURCEVAINE. Par correspondance. Elle sera là dans quelques jours.

HORN. Ah, vous l'avez achetée !

SOURCEVAINE. Vous croyez quoi ? Qu'elle m'aimerait pour mes charmes ?
(Il pleure.)

Je suis vieux et gras et je n'ai pas une intelligence supérieure, ça se saurait.

Vous croyez quoi ? Une femme pourrait-elle aimer Sourcevaine ? Oui, je l'ai achetée, oui, je l'ai achetée, je l'ai achetée ! Je l'ai payée très cher !

HORN. Allons, allons ! De très jolies femmes ont aimé des hommes très laids.

SOURCEVAINE. Vous croyez ?

HORN. Le problème ce n'est pas votre enveloppe de graisse, c'est l'odeur de poisson.

SOURCEVAINE. Sortez immédiatement de chez moi !

HORN *(il prend Sourcevaine à la gorge)*. C'est moi qui t'ai fait, Sourcevaine, et je peux t'anéantir.

SOURCEVAINE. Oui, oui, je me suis laissé emporter.

HORN. Tu aimes les poètes ?

SOURCEVAINE. Je vénère les poètes.

HORN. Alors lèche ses bottes ! Lèche !
Nous avons de grands projets. N'est-ce pas, Sourcevaine ?

SOURCEVAINE. Oui, oui.

HORN. Et vous êtes dans ces projets une sorte d'étincelle.

ORION. Vous avez donc des projets d'incendie ?

HORN. En jouant de la lyre, oui.

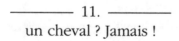

## 11.
## un cheval ? Jamais !

*Juste avant la représentation.*

ORION. J'ai décidé de faire entrer un cheval dans le dernier acte... Ce sera très beau !

LA SUIVANTE CLEPSYDRE [HORN]. Un cheval ? Jamais !
Déjà celle-ci qui fait des mimiques, on ne voit qu'elle, mais un cheval ! Nous ne devons pas accepter cette odieuse compromission. C'est

décidé, je refuse de jouer, je rends mon tablier. Où irait le monde ? Nous sommes le tabernacle !

ORION. Eh bien il faudra faire entrer un cheval dans le tabernacle ! Une belle entrée, vraiment.

LA SUIVANTE CLEPSYDRE [HORN]. Ils t'ont acheté !

ORION. Ai-je l'air de quelqu'un qu'on achète !

LA SUIVANTE CLEPSYDRE [HORN]. Parfaitement.

LA TRAGÉDIENNE. Elle jubile, elle te tient dans sa main. O poète, comme tu as eu tort de rejeter ta fidèle servante, je ferai face, moi, dans l'adversité. J'ai joué avec elle, j'aime mieux un cheval !

LA SUIVANTE CLEPSYDRE [HORN]. Je jouerai à une condition !

LA TRAGÉDIENNE. Refuse !

ORION. Je t'écoute.

LA SUIVANTE CLEPSYDRE [HORN]. Je voudrais porter un collier avec ce poisson d'or. Je t'ai vu la nuit, torse nu sur ton lit, tu le fais tourner au-dessus de tes yeux, il te rend heureux plus qu'aucune chose au monde.

ORION. Je tiens beaucoup à ce poème.

LA SUIVANTE CLEPSYDRE [HORN]. Choisis, le poème ou le poisson.

ORION *(à la tragédienne)*. Tu jouerais ?

LA TRAGÉDIENNE. O poète, tu as reconnu ton humble servante !

LA SUIVANTE CLEPSYDRE [HORN]. Elle ne se souviendra jamais du texte !

LA TRAGÉDIENNE. Si j'ai des trous, tu souffleras.

ORION. Je soufflerai, tu joueras !

LA SUIVANTE CLEPSYDRE [HORN]. Je n'ai pas dit mon dernier mot.

LA TRAGÉDIENNE. Supplie-moi !

ORION. Je te supplie, ô divine vieillerie.

LA TRAGÉDIENNE. A genoux ! Baise mes pieds meurtris.

ORION. Je baise tes pieds, ô sublime antiquité !

LA TRAGÉDIENNE. C'est assez.
*(A la suivante.)* Tu vois bien que le feu s'éteint !

## la fusion des miroirs

*Le rideau s'ouvre.*

LA TRAGÉDIENNE. Moi, la suivante d'Iphigénie, ne suis-je pas digne de brûler aussi ?
Ce feu de bruyère et d'ajoncs est-il plus pieux que moi ? Ah, se donner, se donner absolument !

UN VIEUX CIMÉRIEN. Regardez, les prédictions de l'oracle se réalisent !

LA TRAGÉDIENNE. Ah, monter vers le ciel ! Fumée dans un jour de mars !
Quoi m'attache ici ? Le parfum de la terre !

UN CIMÉRIEN INQUIET. Le cheval est entré dans la ville !

UN CIMÉRIEN EXALTÉ. La femme aux cheveux blancs !

UN CIMÉRIEN ATTENTIF. La mort qui tient l'oiseau violet.

LA TRAGÉDIENNE. Ah, si j'avais un compagnon pour partager cette moisson !
Ah, qu'il est doux, ce parfum noir, tout ce que l'homme peut moissonner, c'est cette odeur cruelle de sang et de lait, la terre !

UN JEUNE CIMÉRIEN. Le cheval est parfumé du côté droit, il porte les lettres de la révolte cimérienne.

LA TRAGÉDIENNE. Le parfum de la terre enivre les imbéciles et les traîtres ! Je dois être l'un et l'autre !

UN VIEUX CIMÉRIEN. Voilà le justificateur ! C'est lui ! Allons crier en ville qu'il s'appelle Orion.

LA TRAGÉDIENNE. Prends pitié de moi, dieu des astres, et porte mon peuple vers une révolte mémorable !

*Fin de la représentation. Les Cimériens quittent la salle.*
*Aucun applaudissement. Apparaissent Horn et Sourcevaine.*

HORN. Tant de beauté ! Bravo !

SOURCEVAINE. Au nom de tous les Cimériens, laissez-moi vous embrasser. Ils sont comme interdits, vous avez entendu, pas un applaudissement. Et d'un coup cette rumeur.

HORN. Ce doit être à cause de l'oracle.

ORION. Pardon ?

SOURCEVAINE. Un oracle a fait des prédictions folles sur la venue d'un cheval pâle et d'un grand justificateur… Ce sont des cœurs simples.

ORION. Et je suis le sauveur de ces cœurs simples ?

SOURCEVAINE. En quelque sorte, ils vous le diront eux-mêmes. Venez, venez. Cela vous plairait d'être gouverneur de la Cimérie ? Venez, ils vous attendent.

*Ils sortent.*

HORN. J'ai des fleurs.

LA TRAGÉDIENNE. Il ne fallait pas.

HORN. Je cherche Iphigénie. L'autre, celle qui durant toute la représentation caresse un feu imaginaire et tandis que votre voix fait comme un bruit de fond, on reste captivé par cette pureté sans intention.

LA TRAGÉDIENNE. Bruit de fond toi-même !

*Sort la tragédienne.*

LA SUIVANTE CLEPSYDRE [HORN]. Merci.

HORN. D'où vous vient cette incroyable présence ?

LA SUIVANTE CLEPSYDRE [HORN]. Le diable probablement.

HORN. N'est-ce pas plutôt une connaissance extraordinaire de la nature humaine ?

LA SUIVANTE CLEPSYDRE [HORN]. C'est ce que je voulais dire.

HORN. Comprennent-ils ce que vous leur donnez ?

LA SUIVANTE CLEPSYDRE [HORN]. Il y a toujours à la porte étroite des coulisses un homme avec des fleurs qui justifie en quelques phrases des années de labeur.

HORN. Vous êtes mon idéal.

LA SUIVANTE CLEPSYDRE [HORN]. N'en faites pas trop.

HORN. Je vous admire, je vous aime, je vous déifie. Vous êtes le sens de ma vie. J'aimerais vous ressembler.

LA SUIVANTE CLEPSYDRE [HORN]. Merci, merci. Je vous pardonne le mal que vous m'infligez. Et j'avoue, vous êtes le seul à me comprendre, je ne suis rien sans vous. Mais ne m'approchez pas. Je ne veux pas que l'on voie de trop près la plaie qui est la source de mon art.

HORN. Vous êtes donc bien seul !

LA SUIVANTE CLEPSYDRE [HORN]. Seul ?

HORN. Seul ?

LA SUIVANTE CLEPSYDRE [HORN]. Seul.

## ———— 13. ————
## le commerce du sens a ses pirates

*Le cabaret de Circé.*

LE CAPITAINE. Evidemment ce poète est une marionnette de Horn, je suppose qu'il était parmi nous le soir de l'oracle. Tu ne l'as pas reconnu ?

CIRCÉ. Ils auront une épée, mais à double tranchant. En la tenant, ils se couperont la main.
Mais nous, nous avons perdu la partie. Horn les retournera contre nous.
Nous avons perdu la partie, capitaine, notre révolution vient d'être confisquée.

UN POSTIER [ÉPITAPHE]. Un colis pour vous, madame.

CIRCÉ. Pose ça là.

LE CAPITAINE. Et Acamas ?

CIRCÉ. Le gourou des mers de glace. Il y a ici toutes sortes de défroqués qui veulent lui baiser les pieds. Le commerce du sens a ses usuriers et ses pirates, comme tous les commerces.

LE CAPITAINE. Si tu quittes la ville, j'aimerais emporter la poupée. Elle a beaucoup changé, elle a besoin de vivre retirée. Nous vivrons sur une péniche et nous oublierons l'iniquité du siècle en fumant des pousses d'ancolie.

CIRCÉ. Cette poupée m'appartient.

LE CAPITAINE. Ils sauront que j'ai été de ton côté. La rumeur est l'arme du destin. Je n'ai plus rien. Je t'en supplie.

CIRCÉ. Non.

La rumeur est l'arme du destin.

Il nous suffirait de murmurer qu'Acamas est le frère d'Orion. Que tout cela n'est qu'une escroquerie…

LE CAPITAINE. Tu n'ouvres pas ce colis.

CIRCÉ. Présage…

*Elle ouvre, il y a l'enfant mort dans un bocal.*

LE CAPITAINE. Quoi faire de ça maintenant ? Une enseigne lumineuse ? Ou bien de l'engrais pour tes fleurs. Le bocal a l'air de belle qualité. Qu'est-ce qu'il ressemble à Horn !

CIRCÉ. Acamas !

*Entre Acamas.*

ACAMAS. Oui.

CIRCÉ. Occupe-toi de ça.

ACAMAS. Qu'est-ce que je dois en faire ?

CIRCÉ. Tu prophétiseras avec ça, j'ai besoin du lustre.

ACAMAS. C'est ton enfant, Circé.

CIRCÉ. Non, ce n'est pas mon enfant. Non. C'est l'enfant du malheur.

ACAMAS. Qui l'a tué ?

CIRCÉ. Moi.

Ne perdons pas de temps. Pas une minute. Sois forte !

Un incendie en forêt ? Un incendie en forêt ! Une armée de pourceaux entre dans la ville.

Capitaine, mettez ce masque.

*Elle lui donne un masque de porc.*

LE CAPITAINE. C'est un masque de porc !

CIRCÉ. Dites : "Je suis un porc."

LE CAPITAINE. Jamais !

CIRCÉ. Je brûle la poupée.

LE CAPITAINE. Je suis un porc.

CIRCÉ. Capitaine porc, réunissez-moi une légion de porcs, ils veulent la guerre, ils l'auront.

# —— 14. ——
## vivre ainsi sans réponse ! Un lamento d'Acamas

ACAMAS. Voici la terre cimérienne endormie, le repos est frère de la sagesse. L'âme monte verticalement, douloureuse et droite, la fumée de leurs cœurs n'a plus d'obstacle.

Ni les peines, ni les joies, ni les songes ne nous appartiennent en propre. Maille filée à plusieurs, toile infinie et lourde.

Leurs paupières tremblent, leurs narines s'effraient, c'est la vapeur froide qui les taquine.

L'odeur des outils délaissés n'est pas celle de l'encens.

Le coq chante avec le matin, ils quittent un songe pour sombrer dans un autre. Quoi est plus illusoire ? Ce besoin harassant de travail ou cette oraison naturelle du sommeil ?

Il y a si longtemps que mon repos est plein d'abeilles de verre.

J'aime leurs mains ouvertes sous les draps, la sueur émaillée de leur front d'hommes tourmentés.

Je vous aime, Cimériens.

Je vous aime, enfants de l'ombre, je ne peux rien pour vous, je ne peux rien. Je ne peux que vous bénir. Une nuit maudite est étendue sur ces misérables mortels.

Un vaisseau aborde et déverse sa cargaison d'inventions cruelles et de fausses promesses Les enfants des brumes s'en saisissent et usent leurs forces à polir une nouvelle utopie.

L'erreur est le guide qui change de chevaux à chaque saison, et s'ils n'ont pas d'erreur à mettre dans leur besace, leur désespoir est plus grand que le lac gelé auquel leur patrie s'abreuve.

Pauvres habitants de la Cimérie, ils suivraient un épouvantail couronné, tout, tout ! plutôt que cette opacité de l'attente.

On a voulu élever un phare, mais les déferlantes de l'équinoxe l'ont mis à bas.

On a voulu construire une digue, mais la lune noire a jeté sa marée contre les premières pierres.

On a voulu bâtir un port plus accueillant que les récifs, mais un déluge de glace a rompu les premières fondations.

J'aime votre folie. Non, vous ne renoncerez pas. Vous mangerez encore le pain de l'illusion avec vos dents avariées et vos regards coupables. Il faudra vivre ainsi ! Ah, vivre ainsi sans réponse !

## —————— 15. ——————
## le ciel est une parole tenue

*Entre Orion.*

ORION. C'est ici qu'habite l'oracle ?

CIRCÉ. Voilà le héros du jour.

ORION. Je veux rencontrer cet oracle qui a prédit ma venue.

CIRCÉ. Vous serez bientôt notre gouverneur. Révérence, voici mon ami, le porc. Il ne parle pas, c'est un porc. Mais comme beaucoup de porcs, il n'est pas regardant sur ce qu'il dévore.

ORION. Où est l'oracle ?

CIRCÉ. L'oracle, c'est cet abruti qui joue avec un enfant mort.

ORION. Qui est cet enfant ?

ACAMAS. Va-t'en, Orion.

ORION. Tu connais mon nom ?

ACAMAS. Cher Orion ! Tendre Orion, je suis un oracle !
Tu sais quel était mon but à moi ? Devenir un homme parfait. Et ton but à toi c'était jouir ! Jouir goulûment de toute chose. Assieds-toi !

ORION. Tu me connais ?

ACAMAS. Tu es une sorte de légende. Jouir de l'instant. Faire une église non pas de pierre mais d'instants purs. As-tu réussi ?

ORION. Et toi, es-tu un homme parfait ?

ACAMAS. Pas encore. Je me transforme. Cet enfant, que désirait-il, lui ?

CIRCÉ. Vivre, je suppose.

ACAMAS. Oui. Tu vois, nos chemins sont les mêmes. Tu voulais la terre et je voulais le ciel, c'est tout un. Tu marches sur le chemin les yeux bandés et moi à reculons, chacun va son pas, mais c'est le même chemin pour tous...
Etre un homme parfait, c'est jouir de l'instant. Rendre grâce à chaque instant. Nous aussi nous voulons vivre. Vivre absolument. Non pas ce bégaiement de l'être. Se donner à moitié, ce n'est pas se donner.

ORION. Qu'espères-tu ?

ACAMAS. Achever ma métamorphose.
Pour aller vers Dieu les poètes parlent toujours de s'élever.

ORION. S'élever, oui.

ACAMAS. Ils se trompent. Il faut tomber.

ORION. Qui es-tu ?

ACAMAS. Ton ombre. Sois béni, Orion.

ORION. Ils feront de moi leur roi ?

ACAMAS. La Cimérie, les anciens la voyaient comme le royaume des morts. C'est notre royaume parce que nous sommes nés trop tard. Le monde s'est écroulé, nous sommes les fleurs des ruines. Les Cimériens ont perdu toute innocence, reste que certains se révoltent.

ORION. Tu dis que je dois m'enfuir ?

ACAMAS. Oui. Ils te tueront. Ils brisent leurs idoles, ils ne savent plus d'autre musique que le fracas de ce qu'ils ont aimé. Ils feront de toi un roi et puis une armée de pourceaux…

ORION. J'ai hâte de voir ça.

ACAMAS. J'ai fait pour toi cette couronne de papier, jette-la dans le feu quand tu auras compris.
Tu n'étais pas le préféré, Orion. Non. Mais il fallait qu'il y ait une histoire. Il fallait que tu aies une fidélité, toi qui n'en avais aucune, et moi une faille, j'étais si fier. Il m'a donné la terre, la terre est une longue plainte, il t'a donné le ciel, le ciel est une parole tenue.

*Il sort.*

ORION. Acamas !

ACAMAS. Chut !

# IV. LE SONGE DES POURCEAUX

# 1.
## l'abreuvoir des insoumis

*Devant la scène.*

HORN. La sardinocratie est en péril !

ÉPITAPHE. Les meilleures choses ont une fin !
On fredonne que l'insurrection est mûre. On prétend que Circé est montée à la tribune, le corsage ouvert et d'une voix enlarmée, a élevé les Cimériens au comble de l'extase patriotique.

HORN. Sédition ! Sédition ! Car séditieux est l'orgueil de la Cimérie !
Sourcevaine offensé le jour de son mariage, le sacre d'Orion endommagé par des insultes venues on ne sait d'où, et cette odeur de soufre…

ÉPITAPHE. Quel costume ?

HORN. Je ne jouerai que mon rôle. Evidemment, j'ai aussi un masque de porc. Quand nous étions en république sardinière, j'avais un masque de sardine, mais autres temps, autres mœurs.
Et je compte abandonner le tyran conservateur.

ÉPITAPHE. Nous verrons s'il a l'instinct de conservation.

HORN. Je tuerai peut-être Circé dans ce chapitre. Il est temps que je venge mon fils, mais elle servait mes perspectives…

ÉPITAPHE. L'abreuvoir des insoumis, c'est une formule étrange ?

HORN. Le lac, une légende. L'infini glacé de ce lac abreuverait une indocilité suprême aux choses de ce monde.

ÉPITAPHE. "Nul n'a jamais envahi la Cimérie !"

HORN. Tout le monde a envahi et pillé et dévasté la pauvre Cimérie, mais il y a eu tant d'occupants, chacun boutant le dernier pour être supplanté à son tour, que les Cimériens au bout du compte se croient invaincus.

ÉPITAPHE. Il en va ainsi de certains hommes avec les idées. Ils adoptent sans attendre l'idée à la mode, s'habillent en jaune quand l'idée est jaune, et en vert quand elle est verte et ils appellent cela…

HORN. La liberté de penser.

ÉPITAPHE. Ce que j'aime chez toi, c'est que tu es un diable mais un diable moraliste.

HORN. Tous les diables sont des moralistes !

ÉPITAPHE. Mais tous les moralistes ne sont pas des diables.
Orion est couronné, mais il n'est déjà plus soutenu.

HORN. Les devoirs des souverains sont plus grands que leurs joies. Il n'est pas si bête, il a compris qu'il n'était là que pour cuisiner la sardine avec une sauce démocratique.

ÉPITAPHE. Où veux-tu en venir ?

HORN. Je le mène en douceur vers l'estocade.

ÉPITAPHE. Il est atteint de la mélancolie des rois !

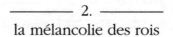

## 2.
## la mélancolie des rois

*La chancellerie.*

ORION. Et maintenant que je suis roi, je peux fouiller avec rage le vieux coffre et chercher un petit morceau d'émeraude ébréchée. Je cherche les rêves honteux et ridicules, les espoirs démodés, les révolutions immenses dessinées sur les nappes de papier… Et les imprécations qui portent le sourire fardé de la démence… Et les sandales de la sagesse oubliée au bord du volcan. Il y a dans cette boîte toute la brocante idiote du siècle dernier, mais je ne trouve pas cette émeraude ébréchée, cette émeraude…

LE CHAMBELLAN [ÉPITAPHE]. Une émeraude ?

ORION. Ma mère portait une croix d'émeraude et si c'était du verre, peu importe ! C'est le seul souvenir, la seule douceur, la seule origine, je cherche, la boîte est encombrée, il y a de la charogne, il y a des regrets, il y a l'impatience qui est une vertu à vingt ans et le pire des vices à trente.

LE CHAMBELLAN [ÉPITAPHE]. Vous êtes roi.

ORION. L'oracle a prédit que je serais roi un jour, un jour seulement.

LE CHAMBELLAN [ÉPITAPHE]. N'est-ce pas assez pour pressentir toute la vanité du pouvoir ?

ORION. Une minute suffit à mesurer l'enfer. L'émeraude…

LE CHAMBELLAN [ÉPITAPHE]. L'émeraude…

ORION. Oui, l'amour de l'humanité.

LE CHAMBELLAN [ÉPITAPHE]. Plus profond peut-être ?

ORION. Je cherche. Je ne vois que mes vieux habits de fête.

LE CHAMBELLAN [ÉPITAPHE]. Rien.

ORION. C'est comme si cette couronne de carton m'avait été donnée en échange.

LE CHAMBELLAN [ÉPITAPHE]. Vous êtes roi.

ORION. Et qu'est-ce que ça fait un roi ?

LE CHAMBELLAN [ÉPITAPHE]. Ça sifflote.

ORION. Imbécile, on voit que tu n'as jamais été roi.

LE CHAMBELLAN [ÉPITAPHE]. Qu'en sais-tu ?

ORION. Un roi aime. Et si je ne trouve pas en moi cette émeraude, avec quoi valider cette couronne idiote ?

LE CHAMBELLAN [ÉPITAPHE]. Un roi aimant, c'est d'un autre âge.
Mais vous pouvez, si vous le voulez, faire un tour de traîneau sur le lac gelé, les chiens sont prêts, ils ont dévoré joyeusement un foie de génisse dans une jatte de porcelaine.

ORION. Je veux ! Je veux !

LE CHAMBELLAN [ÉPITAPHE]. Oui ?

ORION. Qu'est-ce que veut un roi ?

LE CHAMBELLAN [ÉPITAPHE]. Une promenade en traîneau. Une exécution capitale. Un orchestre symphonique. Une déclaration de guerre.

ORION. Cela ne me dit rien.

LE CHAMBELLAN [ÉPITAPHE]. Vous devez aujourd'hui rencontrer madame Sourcevaine.

ORION. Horreur !

LE CHAMBELLAN [ÉPITAPHE]. Le gros Sourcevaine s'est marié hier dans la chapelle en bois de sureau. Un Cimérien a jeté une pierre au visage de la promise.

ORION. C'est justice.

LE CHAMBELLAN [ÉPITAPHE]. Elle a saigné abondamment pendant toute la cérémonie.

ORION. La robe tachée, c'est merveilleux !

LE CHAMBELLAN [ÉPITAPHE]. Elle porte sur l'œil un pansement très corsaire.

ORION. Je vais casser un morceau de vitrail aux fenêtres de la chancellerie. Le roi va endommager un peu du patrimoine cimérien. Faute de les aimer, je peux au moins les honorer en restant ce que je suis.

LE CHAMBELLAN [ÉPITAPHE]. Ce que vous êtes ?

ORION. Un poète !

LE CHAMBELLAN [ÉPITAPHE]. Trop tard.

ORION. Ai-je le droit d'insulter madame Sourcevaine ?

LE CHAMBELLAN [ÉPITAPHE]. Le protocole ne le prévoit pas.

ORION. Des devoirs ! Des devoirs !
De l'or ? Même pas.
La gloire ? La gloire de ne pouvoir aller boire un verre d'hydromel au comptoir des mariniers. Belle gloire !

LE CHAMBELLAN [ÉPITAPHE]. Vous êtes atteint de la mélancolie des rois. Je voudrais faire le bien, dit l'homme aux mains liées.

ORION. Je n'ai pas le droit de casser le vitrail de la grande salle de la chancellerie.

LE CHAMBELLAN [ÉPITAPHE]. Dommage, il est affreux.

ORION. L'œil du cheval pâle est d'un vert idéal.

LE CHAMBELLAN [ÉPITAPHE]. Que voulez-vous ?

ORION. Avoir le droit d'un scandale par jour !

LE CHAMBELLAN [ÉPITAPHE]. Que voulez-vous ?

ORION. Le droit d'incendier la ville.

*Entre Horn.*

HORN. Vous l'avez. Je demande peu en échange. Abdiquez.

ORION. Ma couronne ?

HORN. L'autre, le poisson.

ORION. Ah ! je suis votre prisonnier, je ne sais plus ce que je désire.

## ———— 3. ————
## Acamas est mort

*Le cabaret de Circé. Entre Jason habillé en Espérance suivi d'Épitaphe.*

ÉPITAPHE. Une jeune femme est là, l'air endeuillée, elle a dans sa main une couronne de lauriers défraîchis. Entre ses cils, une lueur d'inquiétude, à moins que ce ne soit un espoir ingénieux.
Elle porte une robe rouge.
Elle dit qu'elle s'appelle Espérance. Mais elle le dit dans un soupir, elle avoue son nom, est-il inavouable ?
C'est pourtant une force incroyable qui l'a prise par la main et l'a guidée à travers les éloges du chaos et les hymnes de la désillusion.
Qui sait ?
L'esprit se repose un instant sur son épaule, les blêmes oiseaux de mer essoufflés pleurent sur la proue d'un navire au large, avant de plonger à nouveau dans l'absence.
Elle dit qu'elle cherche Acamas, Acamas le géant de granit !
Elle tient d'une main la couronne et de l'autre un paquet de lettres jaunes serrées par un galon de velours noir.
Acamas est écrit en haut de chaque page, comme si d'écrire le nom, parfois avec un point d'exclamation, comme si d'écrire ce nom était en soi une action de grâce.
Quand la douleur enténébrait ses forces, il est arrivé, on le voit sur l'une des lettres, qu'elle trace une étoile après le point d'exclamation ; une étoile de traits croisés, un chardon dérisoire, ponctuation inimaginable d'une attente désenchantée.

La fidélité, vertu des bêtes et des bagnards de l'idéal, la fidélité ne lui a pas coûté très cher.

Quand elle était avec d'autres hommes, elle les appelait Acamas et ils ne le lui reprochaient pas. Non. Sachant qu'elle appartenait.

C'est ce qu'elle m'a dit le temps de monter les escaliers blancs de craie qui, de la ville à la baraque de Circé, montent en élargissant leurs marches.

*Sort Epitaphe.*

CIRCÉ *(à Espérance [Jason])*. Il n'y a que lui qui puisse dire où se trouve Acamas. Mais il dort. Un long sommeil de plusieurs jours.

ESPÉRANCE [JASON]. L'oracle ?

ACAMAS. Lui seul peut vous dire où il se trouve.

*Entre Epitaphe. Elle donne à Circé un colis.*

ÉPITAPHE. Voilà les masques.

CIRCÉ. Bien.

ÉPITAPHE. Un carnaval ?

CIRCÉ. Oui. L'ultime carnaval des carnassiers enthousiasmés.

ESPÉRANCE [JASON] *(à Acamas)*. Si vous êtes mon seul guide, réveillez-vous. Peut-être mon souffle…

*Elle souffle sur le visage d'Acamas.*

ACAMAS. Que voulez-vous ?

ESPÉRANCE [JASON]. J'ai cette couronne et ces lettres. Pour Acamas.

ACAMAS. Il est mort.

ESPÉRANCE [JASON]. Mort !

ACAMAS. Qui êtes-vous ?

ESPÉRANCE [JASON]. Espérance.

ACAMAS. Espérance, la cruelle fiancée d'Acamas.
Espérance, la douce fiancée d'Acamas.
Il avait bu son sang pâle et brûlant. Elle est là ?

ESPÉRANCE [JASON]. Oui, c'est moi.

ACAMAS. Et que veut-elle ?

ESPÉRANCE [JASON]. Je te l'ai dit. Elle cherche le destinataire de toutes ces lettres et aussi de tout ce qu'elle n'a pas su dire. Et pour cela il y a une couronne.

ACAMAS. Et que feront-ils ensemble ?

ESPÉRANCE [JASON]. Ils marcheront.

ACAMAS. A l'aube du troisième jour ?

ÉPITAPHE. Il n'y a que des masques de porc. Soixante-dix-sept masques de porc.

CIRCÉ. La hure est sans clémence, l'oreille à l'affût, l'œil plat ! Un vrai masque d'imbécile. Essayez-le.

ÉPITAPHE. Non merci. Ces masques collent à la peau. Le capitaine n'arrive pas à enlever le sien.

CIRCÉ. Le capitaine ne porte pas de masque, son âme transpire, porcine naturellement.

ÉPITAPHE. Tenez, sur lui.

ACAMAS. Non. Je ne veux pas.

CIRCÉ. De quel droit ?

ESPÉRANCE [JASON]. Il m'appartient.

CIRCÉ. Mais ce n'est plus vraiment un homme, ici, il sert principalement de portemanteau.

ESPÉRANCE [JASON]. Dites-moi, dites-moi encore, Acamas est mort, dites-le, faites rouler la pierre.

ACAMAS. Il est mort, il est mort, Acamas est mort.

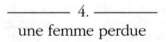

## 4.

## une femme perdue

*La chancellerie. Entre madame Sourcevaine un bandeau sur l'œil. C'est Espérance mais Orion ne la regarde pas.*

LE CHAMBELLAN [ÉPITAPHE]. Voilà Madame Sourcevaine.

ORION. Non ! Non ! Faites sortir cette putain, je ne veux pas qu'elle tache mon joli tapis parme. Dites-lui de retirer ses chaussures.

*Elle le fait.*

LE CHAMBELLAN [ÉPITAPHE]. Et la robe ?

ORION. Non, surtout pas !
Alors chère madame Sourcevaine, la dot fut conséquente ?
Pour me mélanger avec ce tas de beurre, il aurait fallu me payer cher.
Imaginer toute cette bêtise grandiloquente qui essaye de se donner un
peu de plaisir. Il frotte, il frotte, mais ça ne vient pas. Le génie ne sort pas
de la lampe ! Il grogne, il s'insulte, il déverse tout l'égout de ses rêves
crétins, mais la chair reste molle.
Quelle femme a pu subir cela ?

SOURCEVAINE [ESPÉRANCE]. Une femme perdue.

*Orion se retourne.*

ORION. Espérance ?

SOURCEVAINE [ESPÉRANCE]. Non. Espérance est ailleurs.

ORION. Pourquoi ? Espérance, pourquoi fallait-il que je te retrouve en
t'insultant ?

SOURCEVAINE [ESPÉRANCE]. Il m'émeut.
Ce gros corps assis sur le bord du lit. Et moi près de lui, déchue aussi.
J'ai espéré le faire jouir. Oui, c'était pour moi, cette nuit, comme un
devoir du ciel. Donner à ce corps difforme, à cette âme difforme un
peu de l'inspiration que j'avais jetée autrefois dans le carquois d'Orion.
Oh ! Orion. Comme la vie nous a maltraités. Il grognait, oui, et m'in-
sultait, aussi. Il essayait de regagner un peu de dignité avec des
regards faussement virils, son pantalon sur la chaise avait l'air d'un
grand catafalque. J'étais enterrée sous cette chair puante, j'étais bien,
je rachetais ce que je pouvais racheter. Une braise de feu méchant
s'est allumée dans son iris, et, sursaut ridicule d'une virilité absente, il
a voulu me frapper, mais si timidement que j'ai ri. Alors il s'est levé, il a
regardé par la fenêtre, il a sifflioté une chanson imbécile et il a pleuré.
Jamais je n'ai vu un homme pleurer ainsi. Parce que Dieu lui a refusé
d'avoir une âme forte et un corps puissant. Oh ! quelle amertume. Tu
ne sais pas, Orion, tu ne sais pas l'immensité de ton pays !
Ces larmes ont transfiguré ma vie. J'ai vu l'homme étreignant sa détresse,
et l'élan de bonté, est-ce cela ? Bonté, je n'ose pas. Il le faut. Oui. L'élan
d'amour, disons ce mot, maintenant je peux le dire, non ce n'était pas
de la pitié, ou alors une pitié si grande qu'elle couvre le monde de son
aile effrayante, effrayante, oui. J'ai vu, en moi, le mystère de la bonté
et j'ai peur.

Oh ! j'aurais tout donné pour réveiller en lui l'homme cruel et libre. J'ai même songé que si je parvenais – ah ! je me moquais que ma peau soit salie ! –, si je parvenais à le rendre à lui-même, je pourrais réveiller les morts !

A quoi bon être jeune et belle si les sépulcres ne se déchirent pas au passage de votre jeunesse ?

## ———— 5. ————
## quelque chose est mort

*Le cabaret de Circé.*

ESPÉRANCE [JASON]. Quelque chose est mort.

Le jour où j'ai su que j'aimais être avilie. Quelque chose est mort heureusement.

Mon aventure s'est simplifiée, je n'avais plus qu'à marcher vers la lumière, la lumière, c'était ce prénom bien-aimé, Acamas. Quelque chose est mort et le monde est devenu lisible, les monotonies de ma foi timide, disparues, un ciel de rage.

Quelque chose est mort, le goût de me perdre était ma façon à moi de me donner, j'avais sur moi-même une emprise d'alchimiste, j'étais le creuset de l'œuvre au rouge. Quelque chose est mort qui m'empêchait de me donner entièrement à Acamas, de remettre entièrement mon destin à Acamas, l'intercesseur. J'ai su qu'il était devenu l'oracle d'une nation ensorcelée par la symphonie moderne, une nation qui longtemps était celle des morts et qui est devenue celle des cadavres. Il faut que quelque chose meure. Il le faut. Les perspectives très grandes d'ombrages généreux s'ouvrent cruellement pour les marcheurs impénitents.

## ———— 6. ————
## le cœur plein de larmes

*La chancellerie.*

ORION. Toute notre jeunesse ! Folie ! Folie, mon amour ! Ne pleure pas !

ESPÉRANCE [ESPÉRANCE]. Oh ! mon amour !

ORION. Tu es mon émeraude !

Je t'ai retrouvée. Tu es tout ce qui m'attache à l'humanité. Ne me quitte pas ! Jamais ! Jamais plus !

Allons sur le lac gelé, les chiens fous rêvent d'étendre leurs foulées sur le givre.

ESPÉRANCE [ESPÉRANCE]. En frères.

ORION. En frères ? Oui, en frères. O temps !

ESPÉRANCE [ESPÉRANCE]. Nous verrons si la robe de mariée peut être reprisée par de nouveaux serments...

ORION. Tu es Espérance et tu viens, avec ton pas silencieux, quand l'hiver est sur le monde !

ESPÉRANCE [ESPÉRANCE]. Pauvre exalté !

ORION. Qu'on prépare le traîneau ! On nous verra dans tout le pays, ça fera un beau scandale, Sourcevaine en mourra peut-être. Un beau scandale, d'aller comme ça, avec un violoniste à notre chevet, dans des astrakans parfumés...

ESPÉRANCE [ESPÉRANCE]. Le lac est grand.

ORION. Grand ! Les Cimériens disent que tout leur vient de cette mer de glace, parfois ils y courent comme nous courrons...

ESPÉRANCE [ESPÉRANCE]. ... Le cœur plein de larmes...

ORION. Vers la pauvre église du village.

―――――― 7. ――――――

## Acamas n'est pas mort

*Le cabaret de Circé.*

ACAMAS. Avec ton pas silencieux...

Espérance, au cœur de la patrie de l'ombre et des deuils.

C'est étrange. Tu n'aurais pas choisi pour apparaître le temps où je mâchonnais un morceau de réglisse en me balançant dans les câbles d'acier, le temps où je jaugeais la salubrité du navire en frappant de mon poing les tôles rousses.

J'étais beau, quand tu disais que mon frère était le plus beau, tu mentais, dis-moi ?

ESPÉRANCE [JASON]. Oui, je mentais.

ACAMAS. Et aujourd'hui, défiguré, les mains couleur d'os, me reconnais-tu ?

ESPÉRANCE [JASON]. Je te reconnais.

ACAMAS. Je suis vierge, tu sais. J'ai mâché toutes les abominations, toutes les litanies du mal ; il fallait un clou de girofle pour endormir ma dent cariée, mais je suis vierge. Un enfant.

ESPÉRANCE [JASON]. Embrasse-moi !

*Ils s'embrassent.*

ÉPITAPHE. Pourquoi les porcs ? Pourquoi pas les tigres, c'est plus guerrier.

CIRCÉ. Le blason des Cimériens, c'est un porc et un cheval pâle. Pas un tigre.

ÉPITAPHE. Regardez le tigre s'abreuver, il a les dents sanglantes, mais on lui pardonne. Tandis que le porc, rien qu'à sa démarche, on le condamne.

CIRCÉ. On n'a jamais mangé de jambon de tigre.

ÉPITAPHE. On n'a jamais vu de descente de lit en peau de porc.

ACAMAS. Alors tu veux encore conquérir le ciel ?

ESPÉRANCE [JASON]. Acamas n'est pas mort, je ne le veux pas.

ACAMAS. Je vais lire tes lettres. Et je saurai s'il est bon qu'Acamas revienne. Peut-être que le pèlerin l'attend quelque part.

ESPÉRANCE [JASON]. Le pèlerin ?

ACAMAS. Son créancier.

ESPÉRANCE [JASON]. Je ne comprends pas.

ACAMAS. Je prêcherai, il n'est pas mauvais de prêcher, même dans l'imposture, ah ! J'ai passé ce temps où la sincérité du cœur m'était indispensable. Il est bon de prêcher, parce qu'aujourd'hui, le monde doute terriblement des mots.

ESPÉRANCE [JASON]. Pauvre exalté !

CIRCÉ. Et toi, face brûlée, voilà tes hardes.

ACAMAS. Garde-les.

CIRCÉ. Il y a des vers.

ACAMAS. J'en ai dans les aisselles.

CIRCÉ. Il ne se lave jamais.

ESPÉRANCE [JASON]. Il ne sent pas mauvais.

CIRCÉ. Va-t'en.

ÉPITAPHE. Ce soir, la ville va brûler, les soldats sont en marche.

ACAMAS. Et Orion ?

CIRCÉ. Il sera peut-être tué.

ACAMAS. On ne peut pas tuer Orion.

CIRCÉ. Pourquoi ?

ÉPITAPHE. Nul n'est invincible.

ACAMAS. Le poisson d'or. Il se balance et gradue ce qu'il nous reste à accomplir.
Par le haut, par le bas, c'est égal.

CIRCÉ. Ramasse et va-t'en.

ACAMAS. Adieu Circé. C'est fini. Acamas doit reprendre son rôle. C'est un rôle ridicule, il est pur. Mais on le réclame. Qui ? Espérance, qui est venue avec sa vieille robe rouge et son sourire d'enfant. Elle est là. Mais peux-tu la voir, Circé ?

CIRCÉ. Reviens !
*(Elle désigne l'enfant dans le bocal.)*
Tu as oublié ça !

———— 8. ————
## l'académie des pyromanes

*Orion regarde l'incendie de la Cimérie par les fenêtres de la chancellerie.*

ORION. Cette fanfare qui accompagne les flammes ! Beau, beau ! C'est beau !
Ça aiguillonne mon âme !

HORN. Oui, c'est vraiment beau ! Ah ! une académie de pyromanes, voilà ce que nous devrions réclamer au bureau du mécénat !

*Sourcevaine pleure.*

ORION. Ses larmes ! Ses larmes, je ne veux pas m'y engluer, moi. Pleurer autant pour des sardines ! Je ne croyais pas…

SOURCEVAINE. Où est-elle ? Ma femme !

HORN. Elle est allée faire ses valises, elle part, c'est ce qu'elle a dit, l'accueil était pourtant plein d'ignescence, accordé à ses cheveux roux.

ORION. Parfois je me demande si ce n'est pas sa rousseur qui a déclenché l'incendie…

HORN. Je le crois. Les Cimériens ont trouvé que votre perle avait choisi une huître trop glaireuse.

SOURCEVAINE. Elle n'est pas au château.

ORION. Nous avons fait une promenade en traîneau, les chiens aboyaient, vraiment furieux, je n'arrive pas à enlever cette image de ma lanterne magique, la joie des clochettes à notre traîneau a incendié la ville. Nous avons déchaîné les éléments avec des caresses et des cliquetis d'essieux. Espérance part avec moi. Voulez-vous jeter ma couronne dans les flammes ?

HORN. Vraiment vous ne regretterez pas ?

ORION. C'est amusant d'être roi, le jour du couronnement, et puis…

SOURCEVAINE. Les ouvrières ne se sont pas révoltées, on brûle leurs outils.

HORN. Ça vous étonne ?

SOURCEVAINE. Elles me vénéraient !

HORN. Aimeriez-vous sauver Espérance de ce chaos ?

ORION. Oui.

HORN. Partir tous les deux.

ORION. Oui.

HORN. C'était donc si beau ! Ce traîneau, ces chiens aux babines sanglantes.

ORION. Oui. C'était beau. La seule vraie belle chose, ça valait une vie. Elle regardait les arbres avec un regard que je ne lui avais jamais vu. C'était toute l'indulgence du monde suspendue dans ses cils rouges.

HORN. Les séditieux pourceaux entrent la lame entre les dents.

ORION. Trouvez-nous un moyen de quitter la ville et je vous donnerai le poisson d'or.

SOURCEVAINE. Et moi ?

HORN. Vous n'avez pas de poisson d'or à offrir.
Le capitaine vous en veut tout particulièrement, il a fait dire qu'il vous écorcherait lui-même avec son canif en os. Ce sera très joli à voir.

SOURCEVAINE. Où est Espérance ? Dites-le-moi !

HORN. L'Espérance est dans les bras d'un dresseur de chiens, sa fraîcheur est à l'abri de votre petitesse.

SOURCEVAINE. Quel jeu jouez-vous ?

HORN. Mouchez-vous. Cette morve vous ressemble !
Ah ! grandeur ! Des cochons sont entrés dans la ville et ont mis à bas la statue du commandeur.

SOURCEVAINE. Où est-elle ? Vous la retrouverez ?

HORN. Dans cette débâcle !

ORION. Je dois retrouver Espérance à cinq heures.

HORN. Je crois qu'il ne vous dira pas où.

ORION. La flamme de leurs cœurs est brûlante d'intuitions mystiques ! Dans le saccage, ils accomplissent sans le savoir de beaux gestes votifs. Furieusement la sédition a fait chanter le plus ancien argument de l'homme.

HORN. La joie de détruire !

SOURCEVAINE. O Seigneur ! Seigneur !

HORN. Prépare-toi à mourir, Sourcevaine. Sois grand et solennel. Elle t'abandonne à ton sort. Veux-tu que nous lui laissions un message ? Du genre beau joueur, ce serait élégant.

SOURCEVAINE. Horn, sauvez-moi. Circé peut me sauver, elle fera tout pour vous. Elle tient le capitaine par les parties. La poupée, vous savez, la poupée…

HORN. Et quoi en échange ? Une boîte de fer-blanc crevée ? Un baril d'huile calciné ?

ORION. Regardez ! Une effigie de vous, Sourcevaine, en moins lourd, c'est amusant. Ils la donnent à dévorer aux chiens de traîneau.
Venez voir ! Ce n'est pas toujours qu'on peut assister à son propre supplice.

SOURCEVAINE. Seigneur ! Horn, sauvez-moi !

ORION. Je vais la rejoindre.

SOURCEVAINE. Vous sortez ?

ORION. Ils savent que j'étais un roi de contrebande. Circé a raconté partout votre jeu avec les prédictions de l'oracle. On s'est moqué de moi en ce temps... et d'eux. Ils ont honte d'avoir été si bêtes. Je suis invulnérable.

HORN. Attendez !

SOURCEVAINE. O infortune ! L'homme juste supplicié pour sa justice ; l'homme probe humilié pour sa probité, sans doute il faut qu'il en soit ainsi.

HORN. De qui parle-t-il ?

SOURCEVAINE. Cimériens ! Je vous maudis ! Je bâtirai ailleurs un autre royaume, et une église nouvelle ! Que la suie de mes espoirs brûlés empuantisse à jamais votre terre !

HORN. Il devient lyrique, j'adore ça ! Piquons-le encore un peu, il va chanter.
Dans ce traîneau, sur la glace, vous avez retrouvé la verdeur de vos jeunes années.

ORION. Nous nous appartenons.

HORN. Qu'est-ce qui vous fait le plus souffrir ? La perte de vos sardines ou votre cocufiage retentissant le jour même de vos noces ?
C'est une grande leçon d'humanité ! Sur le tableau noir de la fatalité, on écrit l'abécédaire de la... comment dit-on ?

ORION. Condition humaine.

HORN. Je l'ai toujours sur le bout de la langue.

SOURCEVAINE (*aux Cimériens, par les fenêtres*). Vos femmes engendreront des monstres ! Des vers gluants blancs vous rogneront l'entrejambe ! Vos filles se feront engrosser par des chiens !

HORN. Ça devient apocalyptique !

SOURCEVAINE. Que les fléaux du ciel viennent venger celui que vous avez trahi ! J'emporte avec moi la force de l'homme pur, cet orgueil que vous me jalousiez !
Je suis un homme d'action, le monde, je le pétris, je suis le Praxitèle de la matière sociale !
Et vous, dérisoires insectes, vous retournerez à votre unique vocation, la mendicité. Ville sans église et sans foi, je vous ai donné des perles, des perles aux pourceaux, vous… vous… ne mangerez plus jamais de sardines !

HORN. Je crois qu'il a une attaque.

ORION. Il a trop mangé, il pensait que ce serait son dernier repas. Une salade de choux, des côtelettes et un baba.

SOURCEVAINE. Dieu des âmes, secourez-moi !

ORION. Oh il fait pipi !

*On voit que Sourcevaine est mouillé.*

HORN. Il faut vous relever, qu'ils vous trouvent dans une position plus digne.

ORION. J'entends les bottes de nos militaires.

HORN. Par exemple, flairant une rose, tenez une rose face à leurs baïonnettes, vous resterez dans l'histoire.

SOURCEVAINE. Sauvez-moi ! Sauvez-moi, Horn ! Tenez, voilà mon journal. C'est plein d'insanités qui vous feront rire à mes dépens. J'y consigne tous mes vices…

HORN. Comme quoi par exemple ?

SOURCEVAINE. J'avoue que j'apprécie l'odeur de mes pets.

HORN. Ah ! c'est précieux ; un document ! Cachez-vous dans le cheval de carton, on dira que vous avez fui la ville. Et je trouverai moyen de vous… Cachez-vous !

*Sourcevaine se cache dans le cheval de carton. Entrent des porcs.*

UN PORC. Vive la révolution !

HORN. N'employez pas de mots qui vous dépassent.

UN PORC. Rien n'arrêtera la révolution.

HORN. Révolution signifie que vous tournez en rond !

UN PORC. Nous donnerons nos vies pour la révolution.

HORN. Une sédition. Une pauvre sédition intempestive.

UN PORC. Les Cimériens sont fiers.

HORN. C'est tout ce qui leur reste !

UN AUTRE PORC. Où est Sourcevaine ?

HORN. Sourcevaine a fui.

UN PORC. Qui a maudit les Cimériens du haut de ces fenêtres ?

HORN. Moi.

*Les porcs se jettent sur lui.*
*Le capitaine est entré.*

LE CAPITAINE. Laissez-le.

HORN. Merci, capitaine. J'admire les Cimériens !

LE CAPITAINE. La fierté, nous n'arriverons jamais à leur enlever cela, ils coudoient un désert grand comme l'Europe, ce grand lac de glace est l'abreuvoir de leur insoumission.

HORN. Je vous donnerai Sourcevaine, affrétez-moi un bateau. Je veux qu'Orion et Espérance s'évadent.

LE CAPITAINE. Marché conclu.

HORN. Voilà son journal, ça illustrera son procès !

──────── 9. ────────
## indécences dans les couloirs de la chancellerie

*Entre Circé suivie des porcs séditieux.*

CIRCÉ. Les fauves ! Ils ont incendié la fabrique !
Ils pillent les malles de la Sourcevaine.

LE CAPITAINE. Voilà pour toi, Circé. Un collier de perles, orient inégalable. Sourcevaine devait l'offrir à sa promise. Et des armes, le chien gardait des armes, et des revues scandaleuses, de très jeunes filles avec des animaux, un âne, un chien et…

UN PORC. Un porc.

CIRCÉ. Donnez-moi les perles !

*Entre l'armée des porcs.*

LE CAPITAINE. Ah ! voilà mes porcs sacrés !

UN PORC. Capitaine, la ville s'ouvre, un abricot pourri, il en sort des vers endormis.

CIRCÉ *(elle flaire les cochons)*. Ils sentent bon !

UN PORC. Les femmes nues nous acclament et relèvent leurs jupes.

LE CAPITAINE. Oh ! joie ! L'indécence est proclamée.

UN PORC. Nous avons égorgé un imbécile qui criait au fascisme, une leçon, les autres sont partagés entre dégoût et fascination.

CIRCÉ. Quand tu l'as égorgé, ça a fait monter ta sève ?

UN PORC. Oh oui ! Et le feu aussi, ça énerve, touchez, du marbre.

CIRCÉ. Cette vapeur d'homme et ce feu indigo me rendent folle. Essuyez vos mains sur moi.

LE CAPITAINE. Maintenant, marchons vers le palais gouvernemental, nous ferons des flûtes dans les tibias de Sourcevaine.

CIRCÉ. Vous avez encore du sang sur les cuisses.

UN PORC. C'est celui d'un bélier que j'ai éventré pour me désaltérer.

CIRCÉ. Je vais lécher ce sang lustral !

LE CAPITAINE. Ah ! je suis le maître du Cimérien ! Enfin ! Chers cochons, j'aime votre haleine, embrassez-moi ! Je veux sentir votre langue dans ma bouche !

CIRCÉ. Guerriers ! Guerriers, j'ai un réservoir d'ancolie pour votre récompense.
A mort la sardinocratie !

TOUS. A mort la sardinocratie !

CIRCÉ. Que votre épée nationale me déchire ! A bas la république sardi-nière !

TOUS. A bas la république sardinière !

UN PORC. Capitaine, cette fête est ce que la Cimérie a connu de plus beau depuis le raz-de-marée qui a écroulé le phare !

CIRCÉ. A mort le grand conservateur !

TOUS. A mort le grand conservateur !

CIRCÉ. Les perles, les perles, voilà ce que j'en fais des perles !

*Elle fait entrer les perles, une à une, dans son sexe.*

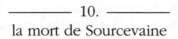

## 10.
## la mort de Sourcevaine

*Horn aide Sourcevaine à sortir du cheval.*

HORN. La voie est libre.

SOURCEVAINE. Nous les avons roulés !
Horn, je suis votre éternel... *(Il est face à un tribunal de porcs.)* Qu'est-ce que c'est ?

HORN. Le Jugement dernier.

SOURCEVAINE. Je vais être jugé par des porcs ?

HORN. Nos juges nous ressemblent toujours.

LE PORC JUGE. Accusé, levez-vous. Vous êtes accusé d'avoir empuanti le cœur pur de la Cimérie avec votre ingénierie maligne, d'avoir conduit un peuple pieux à la ruine spirituelle avec des espoirs de lendemains meilleurs et des roucouleries, d'avoir condamné les justes à la contemplation d'une idole inepte, votre sardine. D'avoir détourné à votre profit les prédictions de l'oracle chéri des Cimériens !

SOURCEVAINE. A le droit de me condamner celui qui répondra à cette question.
Que construirez-vous en lieu et place de ma fabrique de sardines ?
Elle puait, oui, mais quoi d'autre ?
Les accusateurs sont muets ?

LE CAPITAINE. Ce que le peuple décidera !

SOURCEVAINE. Le peuple ! La belle abstraction !
Qu'est-ce qu'un peuple sans avenir, est-ce encore un peuple, ce peuple qui vivra sans savoir quoi transmettre, un peuple sans l'espérance qui

réunit les peuples ? Est-il encore l'ombre de l'ombre d'un peuple ? Un peuple ? Une cohue, plutôt ! Sans avenir et sans travail ! Un peuple ? Plutôt une informe masse de suffrages irréconciliables. Celui qui veut qu'on répare sa barrière et celui qui n'aime pas les chiens de ses voisins... et l'ornithologue qui veut qu'on sauve les oiseaux égarés dans les pales du grand phare... et puis... et puis.

UN PORC. La démocratie.

SOURCEVAINE. Mot anémique !
Qui finit par désigner l'absence d'autorité, l'absence de vision et de pensée, l'absence de charité véritable et parfois l'absence de justice.
La liberté, bien. La liberté, ce n'est pas faire ce que l'on veut !
Clouez-moi sur la croix de votre insurrection ridicule.
Mais laissez-moi vous dire que les clous pourront encore servir.
Après l'ère de la sardine, les Cimériens adoreront une poupée aux yeux morts, leur nation.
Ils s'amouracheront de leur passé, et ils iront repêcher les cartes postales jaunies chez les antiquaires parisiens. La nation de carton-pâte, avec sa culture cimérienne, son lac cimérien, sa race cimérienne, son orgueil cimérien, son biniou cimérien, ses gâteaux de courgettes cimériens, quelle détresse.
Alors qui viendra à votre rescousse ? Je le sais ! Le mysticisme !
On construira une cathédrale indolente pour étouffer dans l'encens l'échec de la Cimérie !

UN PORC. Il a raison.

UN AUTRE PORC. Non !
Quelle honte y a-t-il à courtiser les désillusions ? N'est-ce pas un peuple en marche que le nôtre ? Quoi le réunit ? Son inquiétude.
Nous avons franchi une erreur, demain ce sera la dictature des porcs, après-demain, un nouvel ouvrage, pourquoi pas un grand cri, la sirène d'un réveil spirituel ? Et ainsi de suite.
L'erreur fait avancer, c'est ainsi. Rien ne comble l'attente de cette terre sans soleil, bien ! Qu'elle cherche, là est sa gloire. Tout, plutôt que vivre dans l'immobilité déçue, tout, plutôt que laisser à d'autres le bénéfice de notre quête !

SOURCEVAINE. Qui jugez-vous, la sardine ou l'homme ?

LE CAPITAINE. Nous jugeons l'homme.

SOURCEVAINE. Alors, je suis perdu.

LE CAPITAINE. Nous serons édifiés par certaines pages de son journal intime. "Les Cimériens puent, mais sont honnêtes. Correction, chez les Cimériens, c'est surtout leur probité qui est une pestilence."
Et ceci : "Accuser l'autre de ses fautes est un plaisir de roi, j'ai fait punir la Cimérienne révoltée des blasphèmes que j'avais commis moi-même."
"Quand je suis sur mon pot, l'idée de déféquer sur le blason de la Cimérie relâche merveilleusement mes sphincters plus qu'aucun laxatif."

LE PORC JUGE. Y a-t-il dans l'audience quelqu'un qui voudrait le défendre ?

ESPÉRANCE. Moi, je le voudrais.

LE PORC JUGE. Qui êtes-vous ?

ESPÉRANCE. Sa femme.

LE PORC JUGE. Parlez !

ESPÉRANCE. On dit que le Christ a embrassé la condition humaine, mais qu'il est resté vierge de tout péché. Je ne comprends pas.
La condition humaine, c'est le péché. Faisons-nous le procès du ridicule et pitoyable Sourcevaine ou celui de l'humain tout entier ?
Vous l'avez accueilli et plébiscité, vous n'avez pas refusé ses contrats léonins ni ses créances démesurées. Et puis l'hiver est venu. Aujourd'hui il vous faut un épouvantail pour lui jeter au visage la boue de votre lâcheté. Vous avez trouvé un nouveau guide, plus pathétique encore. Vous le tuerez à son tour et le vrai coupable est hors d'atteinte, l'armateur ingénieux qui tire les ficelles, mais comment le confondre, il n'a pas de mobile visible, il joue toutes les parties dans tous les camps, pour le plaisir de faire perdre ses partenaires.
Fondez votre Cimérie nouvelle sur la clémence.
Laissez-le fuir et fuir avec lui tout ce qui en vous lui ressemble !

LE PORC JUGE. Vous l'aimez. Avez-vous tant à vous faire pardonner ? Mais lui, vous aime-t-il ?

SOURCEVAINE. Je l'aime ! Je l'aime plus que mes sardines.

LE CAPITAINE. Vous voyez, il est déjà prêt à monnayer cet amour pour sauver sa tête.
Ce n'est pas votre procès que nous faisons, c'est le sien.

HORN. Qu'il nous prouve qu'il est capable d'amour, qu'il l'honore devant nous.

LE CAPITAINE. Votons.

*Ils votent à main levée. Unanimité.*

LE PORC JUGE. Bien ! L'ordalie est acceptée, s'il est capable de vous honorer, il aura la vie sauve.

*Sourcevaine se déboutonne. Les porcs s'approchent et regardent son sexe.*

UN PORC. Si petit ! Je n'ai jamais vu aussi petit.

LE PORC JUGE. C'est une circonstance atténuante, laissez-le fuir avec sa belle.

LE CAPITAINE. On vote.
*(Ils votent à main levée, unanimité.)*
Disparais, Sourcevaine, disparais, ta verge a pris ta défense mieux que ta femme, disparais. Voilà, c'est ça la mort de Sourcevaine !

SOURCEVAINE. Tu ne me quitteras plus jamais !

ESPÉRANCE. Je n'ai pas pu te sauver, Sourcevaine, maintenant je suis à Orion, je cours vers Orion.

SOURCEVAINE. Chienne !

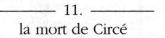

## 11.
## la mort de Circé

HORN. La mort de Circé.

CIRCÉ. La mort de Circé ?

HORN. Je suis venu pour te tuer.

CIRCÉ. Tu es venu, mon amour. Tu es venu, pour te venger ! Mon amour ! J'ai réussi ! Tu as souffert !

PORC CIRCÉ. C'est moi la grande prostituée, c'est moi l'impératrice du néant !

CIRCÉ. L'alcool leur a mangé la cervelle, celui-ci croit qu'il est moi, celui-là se prend pour le capitaine et l'autre pour Sourcevaine.

PORC CIRCÉ. Coiffez-moi !

PORC CAPITAINE. Non, je ne coiffe pas !

PORC CIRCÉ. Pourquoi ?

PORC CAPITAINE. Je repeins la ville en noir.

PORC CIRCÉ. Et toi ?

PORC SOURCEVAINE. Je mange mes crottes !

PORC CIRCÉ. Je me coifferai seule ! Vous laverez mon peigne !

HORN. La ville se réveille de sa miséreuse ivresse, un peu de fumée bleue, l'alcool de contrebande.
On voit la muse de sa fête sans le masque de la nuit.
Une putain frigide, le corps rance, l'œil bourbeux, une langue graisseuse, les commissures pleines d'ordures, toute l'obscénité de l'impiété maquillée par un débordement de fard et de paroles enfiévrées.

CIRCÉ. Ainsi, tu m'as pétrie, mon amour.
"Je me vengerai !" et il a fallu, pour m'arracher ce cri, toute une machinerie sordide !

HORN. Je vais te saigner.

CIRCÉ. Oui, frappe.

*Il lui attache les mains dans le dos et lacère son corps.*

HORN. Ouvrir grande ta matrice maudite !
Ouvrir grande ta bouche d'ombre !
*(Il coupe son sexe. Elle rit.)*
La haine de soi. Comme une odeur d'abord diffuse, gênante, mais un petit mouchoir brodé sur le museau, quelques gouttes de lavande et de probité pas chères.

CIRCÉ. Et puis l'odeur grandit ! Les autres, qui vous parlent en se bouchant le nez, et un jour, la pestilence absolue, plus rien que cette vapeur de charnier. On est à genoux dans la rue, la crampe vous défigure.

HORN. On se vomit.

CIRCÉ. Oui.
Oui, morsure continuelle, on dort dans le dégoût de soi, on se réveille et la toilette se fait avec les fleurs de sa haine ! On brode sa robe de printemps avec des arabesques de cynisme.

HORN. Alors il faut un remède ! Un remède !

CIRCÉ. On frappe à toutes les portes ! Les diables, marchands de gouttes, nous fourguent leur camelote ! Mais c'est là.
Toujours !
Retrouver l'estime de soi, non, impossible, on a trop gratté la plaie, simplement endormir la douleur !

HORN. Et je suis venu.

CIRCÉ. Oui, l'antidote, c'était toi.

HORN. J'étais déjà la lèpre, cette idée tenace que l'on a déçu sa chrysalide, elle vient de moi, alors, le papillon atrophié supplie et je dis...

CIRCÉ. "Venge-toi !"
Et cette révolte ensorcelle le miroir livide. L'eau est brouillée, le narcisse inversé perd un peu cette image de lui qu'il exècre.
Mais il faut du bois, du bois mort pour le brasier !

HORN. Jouer avec son dégoût, jouer, le perdre dans les jeux, les cyclopes trompant Dionysos avec un miroir et une toupie !

CIRCÉ. Mais on joue avec une arme chargée. On crible les vaisseaux du retour, la créancière est exigeante, on brûle les asiles, on défigure les porteurs de bons augures.

HORN. Le mal est le remède.

CIRCÉ. Un remède à une maladie qui n'existe pas.

HORN. Oui, mais quand le remède a coulé dans les veines...

CIRCÉ. On désespère toute clémence et un jour vient l'heure fatale.

HORN. Oui. Un espoir pointe son joli visage.

CIRCÉ. Un espoir, oui.
Il naît. On ne sait pas comment. Il est là. Il y a une chance. Dieu nous tend la main.

*Il déchire ses seins, Circé ne rit plus. Elle gémit.*

PORC CIRCÉ. Je me suis coiffée trop longuement ; j'ai arraché mes cheveux, je veux la sainte onction pour mes touffes !
Venez oindre mes touffes défuntes !

PORC CAPITAINE. Non, je dois trier les enfants morts.

PORC SOURCEVAINE. Je mange encore plus de crottes. Je mange les crottes des autres. Ensuite j'irai manger des crottes du curé !

PORC CAPITAINE. Ça ne te dégoûte pas ?

PORC SOURCEVAINE. Si, ça me dégoûte. Mais j'aime !

CIRCÉ. Dieu nous tend la main

HORN. Dieu nous tend la main.
Mais l'iris s'est gorgé d'obscurité, faire entrer la lumière, quelle douleur !

CIRCÉ. Faire entrer la douleur, alors qu'on chérit sa déchéance, qu'on la coiffe et la parfume chaque matin !

HORN. Trop tard !

CIRCÉ. Oui. Le cercle est clos. Le cercle de malheur d'une vie, qui ramène à son point d'origine : "je suis coupable" début et fin. Un grand tour pour rien. En se révoltant, le gibier s'est entouré plus profondément dans les pièges, les fils d'acier sont dans sa chair.

HORN. Alors on tue son enfant.

CIRCÉ. Oui.

HORN. Sans remords.

CIRCÉ. Un soulagement. Là, c'est fini, absolument. Je suis morte, vraiment.

PORC CIRCÉ. Je suis morte ! Venez voir si je suis morte.

PORC SOURCEVAINE. Oui, tu es morte.

PORC CAPITAINE. Non, elle n'est pas morte, elle parle.

PORC SOURCEVAINE. Ce n'est pas un argument.

PORC CAPITAINE. Prouve que tu es morte.

PORC CIRCÉ. Je vais tendre un fil pour mon linge, je n'ai pas de linge !

HORN. Que tu chantes bien ton poème ! Je t'aurais damnée, corrompue, dévorée ?

CIRCÉ. Oui, je suis à toi.

HORN. Mais pour être une âme damnée, il faut une âme. Un gros paquet de viande avariée pour attirer les bêtes féroces, ce n'est pas une âme, c'est la viande au poids que j'utilisais. Rien de plus.
Les bêtes sortent de leurs tanières, des tanières d'idées gentilles, l'espérance, la dignité, l'amour… à l'odeur alléchées, elles sortent, l'odeur de

pourriture réveille en elles un pacte enseveli, un pacte avec la méchanceté séculaire, un pacte avec les éléments. C'est mieux que les consolations à bon marché d'un siècle sans imagination.
Je ne suis pas le fiancé de ta corruption.

CIRCÉ. C'est faux, j'étais l'enjeu d'une bataille !

HORN. Une bataille, une bataille entre toi et toi ; inutile de déranger les forces occultes pour si peu. Pécher, ce n'est pas se rouler dans la boue pour s'épouiller.
Une âme damnée, tu enjolives !
Cette comédie est ta sœur de charité, elle te ferme les yeux avec la douceur d'un ange, la vérité est un fossoyeur plus rugueux !
Une déchéance consentie, un appel spirituel à rebours ! Une exultation dans la chute ?
Foutaise ! Comment voulais-tu appeler l'enfant ?

CIRCÉ. Je n'y pensais pas.

HORN. Tu mens. Tu mens quand tu dis que tu n'as pas de remords. Au Jugement dernier c'est cet enfant qui t'attend. Le nom !

CIRCÉ. Jamais !

HORN. Alors il y avait un nom. Et une fois le nom craché, l'aveu du remords suivra, tout docile, on ne fait plus la fière, on supplie !

CIRCÉ. Non !

HORN. Je veux une âme implorante ! Le nom ! Le nom de ton fils !

CIRCÉ. Jonas !

HORN. Jonas !

CIRCÉ. Mon fils !

HORN. Mon fils.
Et voilà le rat, le rat qui est là pour te ronger le ventre. Un beau petit remords visqueux, un petit monstre élevé dans le noir.
Regarde ! Une belle mort, ça n'existe pas. Une belle naissance non plus.

CIRCÉ. Je ne veux pas mourir !

HORN. Le barrage cède. Les larmes contenues dans un corps, rivières infinies !

CIRCÉ. Je ne veux pas mourir !

*Elle crie moins, elle devient faible, elle veut marcher et tombe.*

PORC CIRCÉ. Tuez-moi.

PORC CAPITAINE. En agonisant tu as libéré ta dernière lumière, le diable te persécute, tu tombes, les anges te relèvent !

PORC CIRCÉ. Coupez le fil !

PORC SOURCEVAINE. Je tire sur mon sexe pour l'agrandir.

PORC CIRCÉ. Je le ferai moi-même.

*Le porc Circé coupe le fil.*


——————— 12. ———————
## sauver l'Espérance si l'Espérance le permet

*Le port.*

ORION. Elle ne vient pas.

HORN. Elle viendra.
Tu te souviens, notre premier marchandage, tu ne voulais pas d'une totalité claudicante. Et aujourd'hui tu sacrifies le poisson d'or...

ORION. Un traîneau, des chiens, un lac gelé, une ville en feu, une femme perdue soudain rachetée par le vent froid et la sérénade d'un vieux frère. J'ai vécu cela. Quand j'ai embrassé ses tempes, le pouls battait, lugubre, admirable.
Cela n'était pas une illusion. J'ai vécu cela. L'odeur de ses cheveux dans les aboiements !

HORN. Montre-le-moi.
*(Il regarde le poisson d'or.)*
Le cœur d'Acamas comblé de joie et de désespoir. Il n'y avait chez lui qu'une toute petite faille !
Toi, Orion, qu'est-ce que tu es ? Un gibier pour démons débutants.
Tu déroules tes propres pièges, tu allumes toi-même le feu.
Avec ce joli visage fier de lui-même, tu es déjà à moitié damné.
Les hommes beaux s'ennuient. Mais Acamas, c'est une autre partie.
Quand il tombe, c'est toujours dans les bras de Dieu. Je mettrai dans sa main le poisson d'or et tout deviendra simple. Tu l'as abandonné.

ORION. Oui. Oui. Oui !

UN PORC. Elle ne viendra pas, elle a fui avec Acamas, par les montagnes.

ORION. Tu l'as vue ?

UN AUTRE PORC. Chez Circé, elle cherchait Acamas, un carré de ciel trouble s'est ouvert pour eux, ils se sont reconnus, l'enfant mort est dans leur besace.

ORION. Alors, embarquons !

ÉPITAPHE. Tiens, emporte ça.

ORION. Qu'est-ce que c'est ?

ÉPITAPHE. Les rênes et le fouet de votre traîneau.

HORN. Douloureux ?

ORION. Le jeu continue n'est-ce pas ?

HORN. Oui. Je n'ai pas dit mon dernier mot.

ORION. Adieu Cimérie qui m'auras tout donné et tout pris !

ÉPITAPHE. Il te reste le deuil !

ORION. Le deuil ?

ÉPITAPHE. Deviens un athlète de la déploration. C'est une singerie qui plaira aux vendeurs de mode.

ORION. Oui ! Ça je saurai le faire ! O Espérance je t'élèverai des mausolées de craie…

ÉPITAPHE. … Et de flammes !

ORION. Le monde devra entendre que j'ai perdu l'Espérance aux cheveux rouges…

ÉPITAPHE. … Et que de cette perte, je veux faire grand poème !

ORION. O vent d'ouest ! Je n'ai rien vécu.

*Le bateau quitte le port.*

ÉPITAPHE. Quel homme saurait dire : "J'ai vécu" ?

*Entre Espérance.*

ESPÉRANCE. Il est parti ?

ÉPITAPHE. Oui.

ESPÉRANCE. Sans m'attendre.

ÉPITAPHE. Oui. Il a cessé d'y croire.

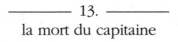

## la mort du capitaine

*La chancellerie.*
*Avec la poupée et des porcs.*

ÉPITAPHE. La mort du Capitaine.

LE CAPITAINE. Vraiment la dernière scène ? Déjà ?
Mais c'est vrai, tout est mort ! Qu'il est doux d'être le prince d'une patrie détruite !
Et marcher joyeusement dans les forêts de cendre, saluer d'une main blessée, sous les étendards en berne, parmi les couronnes défraîchies, à la source de toute douleur, une foule de visages égarés.
Qu'en dis-tu ma reine ?
Toi, évente-la. Doucement ; je veux voir ses poils frémir. Oui, avec l'éventail noir !
Qu'en dis-tu ma reine ?
Et toi, parfume-la et toi admire-la, agenouille-toi, baise ses pieds, l'adoration des Mages, exactement.

Aujourd'hui est le jour de ton couronnement, chère splendeur.
Je veux que les Cimériens, épuisés par l'orgie de notre victoire, te voient passer dans leurs rues brisées, entre les maisons fumantes.
Le traîneau est-il prêt ?

UN PORC. Il est prêt.

LE CAPITAINE. Les chiens ont-ils mangé de la chair vivante ?

UN PORC. Oui, dépecée, la bête criait encore.

LE CAPITAINE. Tu as aimé ça, entendre la bête crier !
Le traîneau ?

UN PORC. Voilà.

LE CAPITAINE. Mettez sa couronne, avec pompe.
Refaites ! Pas assez de pompe. Un tremblement des genoux, respiration retenue, yeux bas !

Je me prosterne devant toi, déesse cruelle, nous allons déchirer le soir avec notre promenade fantasque.

Voilà le traîneau où Espérance et Orion ont fait leur cavalcade tragique. Evente-la bien !

On verra, sur le lac béni, ce cortège effrayant, un porc et une poupée puante.

Est-ce qu'elle pue bien ?

UN PORC. Oui.

LE CAPITAINE. Entre les cuisses ?

UN PORC. Oh oui !

LE CAPITAINE. Parfume, qu'il y ait ce mélange de vase et de rose !
*(Ils montent dans le traîneau.)*
Hue ! Fouettez les chiens !

Fouettez-les au sang, déroulez le tapis rouge sur la glace, un grand tapis de sang !

Tu vois ? Tu vois, reine, ton odeur rend les chiens furieux ! Nous frôlons les rives éberluées du lac ! Riez ! Riez ! Imbéciles ! Voilà votre reine qui vous salue de son parfum tragique !

La vérité au quadrige de ses chiens entre sur le lac. La vérité, elle crie : "Il n'y a rien ! Rien !"

Nous sommes des porcs mordant de vaines poupées, de risibles épouvantails de femmes conduisant un monde en flammes, vêtus de cendres brûlantes, vois !

C'est l'équipage du désir et de la violence, vois !

Le sang ! Un chiffre écarlate ! L'abreuvoir est à jamais corrompu par ce spectacle ! Qui est roi ? Le meurtre sans mobile ! Qui est impératrice ? La débauche !

Ecrivez avec le traîneau !

De grandes lettres de sang sur le givre. Ecrivez dans notre sillage, ce grand mot fascinant, il sera vu des collines, un grand mot écarlate : "Néant !"

Plus vite !

UN PORC. Les chiens sont épuisés.

LE CAPITAINE. Plus vite !

UN PORC. Les essieux craquent.

LE CAPITAINE. Plus vite !

UN PORC. Nous chavirons !

*Le chariot se renverse.*

LE CAPITAINE. O lac d'argent, nous avons corrompu ta pureté !
Elle rit, vous entendez !

UN PORC. Le vent !

LE CAPITAINE. Elle rit !

LA POUPÉE [ÉPITAPHE]. Je suis l'impératrice folle, nue sur la glace !

LE CAPITAINE. Oui ! Oui ! Parle !
Exige !

LA POUPÉE [ÉPITAPHE]. Tu arracheras les emblèmes, mon visage partout, en place héraldique. Tu décoreras les suicidés d'une pâle émeraude, les garçons auront les mains liées, la bouche maquillée.

LE CAPITAINE. Les filles auront le sexe rasé et peint !

LA POUPÉE [ÉPITAPHE]. On clamera des sermons absurdes, des vérités contradictoires, des préceptes sans sagesse.

LE CAPITAINE. Oui ! Ma reine !

LA POUPÉE [ÉPITAPHE]. Une grande statue de la mort avec des ailes de papillon en cuivre…

LE CAPITAINE. Contre laquelle les petites filles se caresseront la nuit !

LA POUPÉE [ÉPITAPHE]. Une académie incendiaire exigera que soit brûlée toute trace de clémence !
Alors ce sera le règne des jeux !
Jeux imbéciles pleins d'obscénités et de cruautés, grande tombola où l'on ne gagne rien que de la boue puante, concours de courses en sac dans des suaires, duel de familles tourmentées avec des questions débiles, et chaque jour, dans les haut-parleurs de métal blanc, on crie qu'il n'y a rien, qu'il n'y a rien à espérer.

LE CAPITAINE. Rien que jouir de la forfaiture !

LA POUPÉE [ÉPITAPHE]. Rien qu'une dernière fois manger de la hure farcie, rien que se laver la bouche avec le savon à la graisse d'étranger, et la foule viendra chaque vendredi à trois heures essuyer en public ses fesses éplorées avec un papier frappé du Sacré-Cœur de Jésus !

LE CAPITAINE. Vous avez entendu ?
Nous montons au faîte de l'abjection, nous processionnons vers le pire, acclamons la parole du chaos !

LA POUPÉE [ÉPITAPHE]. Capitaine, prenez un fil de fer.

LE CAPITAINE. Oui, reine.

LA POUPÉE [ÉPITAPHE]. Autour du cou !

LE CAPITAINE. Oui.

LA POUPÉE [ÉPITAPHE]. Je danserai sur votre cadavre.
Serrez, serrez en douceur, lentement !

LE CAPITAINE *(il s'étrangle lui-même)*. O poupée ! Tu ne veux plus de moi. Qui veut de moi ? La folie même… J'ai demandé aux femmes plus que les moiteurs de leurs augures, plus que les conforts de leur insouciance, plus que les repos de leurs débauches. Et à toi, j'ai demandé plus encore, je voulais qu'un gentil matin d'avril, tu murmures entre les haies d'aubépine que la mort n'est rien. Qu'il suffit d'en prendre quelques grains à jeun, au réveil, au réveil d'une nuit pleine de cauchemars amusants, quelques grains de mort sur le dos de la main et priser ça, d'un coup, pollen de fleur blanche ! Nous aurions mithridatisé la mort ! Et j'aurais guidé la vieille barque cruelle, par les alizés de la pâmoison, vers des tropiques enchantés !
Mais je meurs, et je ne veux pas de miel sur mon supplice.
Je meurs pour célébrer la haine absurde qui est le bréviaire des vaincus !

*Il meurt, la poupée danse.*

ÉPITAPHE.

> Une poupée sans âme
> Des fils rouges et noirs
> Avec lesquels on trame
> Ma danse dérisoire.
>
> Qui compose mon rêve ?
> Qui parle par ma bouche ?
> Qui fait que je me lève ?
> Qui veut que je me couche ?
>
> Il y a dans les cintres
> Un tyran inconnu
> Un vieil artiste peintre
> Pour qui je pose nue.
>
> La mort marionnettiste
> Avec sa main osseuse
> Dirige sur la piste
> Mon vieux corps de danseuse.

# V. ET VIVRE AINSI SANS RÉPONSE

# on ne patauge pas dans la boue sans le savoir

*Devant la scène.*

HORN. Je suis lassé de mon visage, je vais en prendre quelques autres pour taquiner mes amours.
Mes amours, oui, mes petites plaies ! Je suis écartelé d'amour, d'un amour vicié logiquement. Un amour ? Non ce n'est pas de l'amour, la joie de les perdre est un chant nécessaire. Qui sait ? Qui sait si ce n'est pas de l'amour ?

ÉPITAPHE. Il est temps qu'Orion abdique.

HORN. Nous lui donnerons ce qu'il attendait, un compagnon. Il est aujourd'hui célébré, un poète d'académie.
La déploration lui sert de monnaie courante. Il n'a revu ni Espérance ni Acamas, il les croit morts.

ÉPITAPHE. La mort d'Espérance, la mort d'Acamas, des scènes attendues. Tu joueras ?

HORN. Une voisine fielleuse, de l'autre côté de ce jardin où Espérance soupire.
Un agrégé cynique qui commande à Orion une conférence sur le deuil.
Un promoteur véreux.
Et un bonimenteur abject. Acamas est devenu une sorte de guignol de foire, je le bonimente.
C'est une belle déclinaison, fielleux, cynique, véreux, abject.

ÉPITAPHE. Pourquoi te suivent-ils, les hommes ?
Dieu leur a donné cette horloge intérieure... On ne patauge pas dans la boue sans le savoir ?

HORN. Dieu veut se faire aimer pour rien. C'est surestimer nos protégés ! Pourquoi ne pas me suivre ?

La miséricorde divine saigne et pue. La parole de Dieu est silence.
Celui qui aime Dieu ne l'aime que pour l'absurde, avec l'absurde, par l'absurde.
Aime-le pour rien, disent ses anges, moi, on m'aime pour toutes les bonnes raisons du monde. Je paye mes adorateurs.

ÉPITAPHE. En monnaie de singe.

HORN. De singe. Et toi, tu n'es pas un singe peut-être ?

ÉPITAPHE. Peut-être.

HORN. N'oublions pas une chose très simple, je suis la grandeur de l'homme !
Il y a toujours cette folie – tiens ! les Cimériens –, l'homme libre de tout souverain, de toute imprécation du ciel. L'homme libre, je suis sa grandeur !

ÉPITAPHE. Et moi je suis sa vérité.

## ———— 2. ————
## le commandant ressuscite

*Les bureaux du promoteur véreux. Entre Horn habillé en promoteur.*

LE COMMANDANT. Vous imaginez que les hommes de ma race meurent ?
La justice immanente !
Je suis au-delà de toute fable ! La marge des grands livres, celle où l'on égorge les faibles, c'est là que je triomphe. La ronce pique la terre et s'enracine à nouveau, réapparaît, la couronne d'épines toujours grise toujours verte.

LE PROMOTEUR [HORN]. Votre mort...

LE COMMANDANT. ... Un simulacre.
L'homme aux morts innombrables.

LE PROMOTEUR [HORN]. Ce qui est le plus dangereux chez vous, ce qui vous distingue farouchement de tous les bouchers amateurs, c'est...

LE COMMANDANT. ... La tristesse belle de mes cils blonds, le soupir, le regard, toute la fresque délirante, l'art de chanter sa geste dans le fracas du soir. Je suis une légende, et je n'ai jamais eu d'autres buts.

L'évidence même, je suis poète. Vous avez vu mon portrait avec ce bébé tigre ?

LE PROMOTEUR [HORN]. La langueur d'une marquise de la Renaissance, ennuyée et fière.

LE COMMANDANT. Je portais à l'époque un nom hirsute, je servais des causes gouvernementales, j'étais protégé des polices du monde par un passeport diplomatique.
J'ai plongé, je me suis nourri de poissons morts, les monstres des grands fonds, la chair pourrie qui descend tendrement jusqu'à l'opacité farouche.
Et je refais surface, les mafias m'appellent pour nettoyer leurs casseroles. La chair des enfants bouillis devant les yeux complices des mères. De lugubres mains coupées accrochées à des drapeaux démodés. La traite du prisonnier de guerre recyclé en clandestin qu'on pousse un jour dans le béton frais.

LE PROMOTEUR [HORN]. Et balayer les porches du palais avec la perruque des derniers contestataires.

LE COMMANDANT. Un travail de poète.

LE PROMOTEUR [HORN]. Les pèlerins réclament une sépulture pour leurs fils.
C'est vrai, nous avons utilisé cette main-d'œuvre vendue pour rien, seulement déblayer la cave de l'ambassade africaine. Mais ils s'étaient pris pour autre chose que des esclaves, il a fallu les renvoyer aux ténèbres de l'histoire. Ils ont été coulés sous les dalles de la reconstruction.
Aujourd'hui ce sont leurs pères qui font du scandale, ils veulent porter au centre de la ville nouvelle une grande pierre tombale avec les noms de leurs treize fils. Et le plus grave est qu'il y a dans leur geste je ne sais quoi de mystique qui risque d'enflammer les imbéciles. La plèbe aime les mystiques ! Comment les arrêter ?

*Le commandant mime une mise à mort.*

Les crimes de guerre valent les crimes de paix. La différence c'est qu'en temps de paix, il faut… privatiser le crime.

LE COMMANDANT. Ah, voilà mon samovar !

LE PROMOTEUR [HORN]. Le fameux samovar.

LE COMMANDANT. Limez vous-même. Pas plus de douze ! Ne battez pas la mesure outre mesure.

*Entre le pèlerin.*

LE PÈLERIN *(devant la pierre tombale).* Un marbre et des noms. Treize noms. Voici la pierre, un Carrare de grande source. Et nous la poserons au centre de la ville nouvelle, oui, au centre de la ville où doit être la vérité.

Nous sommes peut-être trop faibles pour la porter, je trouverai quelqu'un pour nous aider. Il y a en ce monde au moins une personne dont je suis infiniment le créancier. Acamas.

LE PROMOTEUR [HORN]. Vous direz la vérité et l'on ne vous croira pas.

LE PÈLERIN. Vous direz la vérité et l'on ne vous croira pas. C'est vrai. Mais comment vous faire entendre qu'il y a là grandeur et joie ?

La femme au ventre rouge est seule sur la grande place de la ville. Un chien la regarde. C'est un chien aux grands yeux noirs. Ses mains blessées ont taché son ventre. Ou bien c'est son ventre blessé qui a taché ses mains. La douleur s'est évanouie quand le tocsin a sonné avec sa cloche fêlée et arythmique. On a pendu un enfant à la corde du balancier. La femme alors se souvient de cette phrase : "Tu diras la vérité et l'on ne te croira pas." Seul le chien la regarde. Et elle sait que les morts au grenier, les morts dans le camion, les morts derrière la porte de la remise, tous ces morts n'avaliseront rien de son discours. Alors, elle ne dira rien. Et si on l'accuse elle ne dira rien. Et si le chien la mord, elle ne dira rien. Elle est seule sur la place du village, l'ombre de la main d'un cadavre pend contre le parapet de la mairie. Elle est seule. Et puis il y a un souffle dans les grands eucalyptus qui bordent la place centrale. L'odeur de sang et d'eucalyptus est une odeur joyeuse et grande. Une odeur de printemps. Il y a ce bruit métallique des feuilles en forme de lune, les feuilles de l'eucalyptus, argent d'un côté et roses de l'autre. Elle n'est plus seule. Elle est plus peuplée qu'aucune femme, la douleur fait naître au creux de son histoire à elle une foule d'inconnus qu'elle interroge. Elle se taira parce qu'il y a en elle tous ces êtres qui parlent. Elle écoute monter en elle la sève de la souffrance éternelle, elle n'est plus seule, elle est innombrable. Ceux qui entrent dans la ville la voient à genoux, les mains vers le ciel. Osera-t-elle proclamer que la prière est parfum d'eucalyptus ? Le chien lèche une flaque de sang, le chien a honte, pauvre chien !

On ne me croira pas et pourtant je dirai la vérité, je crierai la vérité, mais ils ne me croiront pas.

HORN. C'est triste.

## la vocation du bonheur

ESPÉRANCE. Presque du bleu.

La lumière tombe par morceaux, anarchique, dans un soir timide.

L'ombre de ces arbres que je n'ai jamais aimés s'allonge jusqu'à la porte. On entend tous ces bruits atroces du confort, la cheminée, les pas en pantoufles, les conversations sans feu.

Je n'ai plus pour Sourcevaine le moindre dégoût, cela m'annonce que je suis morte.

Je suis morte et je ne le sais pas ?

Je suis morte le jour de cette promenade en traîneau, je suis morte par excès de joie.

Le chemin de Dieu, on le parcourt presque d'un coup dans l'élan de la jeunesse et, pour les derniers mètres, il faut trente ans de persévérance.

Je veux revoir Orion. Je veux revoir Orion parce qu'Orion a besoin de ma bénédiction. Avec mes petits doigts gracieux, j'enlèverai ce voile d'orgueil qui lui a caché certaines vérités. Et puis je mourrai, il ne faut pas qu'il sache que je meurs. Je mentirai, je mens bien.

C'est presque bleu. Ce n'est pas gris, c'est presque bleu. Il ne doit pas savoir que je meurs.

ESPÉRANCE. Orion !

*Entre Horn habillé en voisine.*

LA VOISINE [HORN]. Pourquoi Orion ?

ESPÉRANCE. Acamas, je suis avec lui, avec lui dans le tourment.

LA VOISINE [HORN]. Le tourment, vous dites ça parce que vous n'avez pas eu à vous tourmenter pour d'autres que vous-même. Moi j'ai mon enfant. Quand il souffre, ce n'est pas ce beau tourment fertile, on s'endort dans sa boue. C'est la paresse du bonheur, votre tourment, rien d'autre. Mais quand on a peur pour l'enfant, c'est plus obscur, plus rugueux, plus lourd. Une douleur qui n'est que de la douleur, une inquiétude qui n'est que de l'inquiétude. Là on est vraiment dépossédé.

ESPÉRANCE. Pourquoi me dire cela ?

LA VOISINE [HORN]. J'ai l'impression que vous ne vous êtes jamais battue pour votre bonheur. Pourquoi avoir épousé cet homme indigne de vous ?

ESPÉRANCE. Je ne me suis jamais battue pour mon bonheur ! Non.

LA VOISINE [HORN]. La vraie humilité, ce n'est pas avaler le renoncement dans un verre à liqueur, c'est lutter.
Lutter pour la lumière.
Humble, ça veut dire courageux, humble avec son désir, le regarder en roi, ce désir, cet appel du bonheur ; quoi ! C'est la chair de l'homme. L'homme est doué pour le bonheur, c'est ce qui le rend méchant, il sait qu'en dehors de cette vocation immense et simple, il n'y a que des mots.

ESPÉRANCE. Et c'est pour cela qu'il méprise les mots.

LA VOISINE [HORN]. Vous avez une façon de cracher sur notre petit combat. Tout est vanité, paraît-il !
Moi, je crois l'inverse, la moindre action de l'homme vers son bonheur est plus divine que les sacrifices tapageurs.

ESPÉRANCE. Je ne vous juge pas.

LA VOISINE [HORN]. Oh, si ! vous me jugez.

ESPÉRANCE. Savez-vous pourquoi je ne me suis jamais battue pour mon bonheur comme vous dites ?
Non, je ne devrais pas.

LA VOISINE [HORN]. Vous en avez trop dit.

ESPÉRANCE. Nous… Je dis nous, quelle folie ! Oui, les trois exaltés, nous n'avons pas fait la chasse au bonheur, parce que – un mystère – nous l'avions.

LA VOISINE [HORN]. C'est cela que vous voulez dire à Orion ?

ESPÉRANCE. Non, il le sait.
Il a dit : "J'aime la nuit autant que le jour", cela se vérifie la nuit.
C'est la nuit. Il faut que je le revoie, pour lui donner une arme.

LA VOISINE [HORN]. Un danger ?

ESPÉRANCE. L'épreuve qu'il vivra, la dernière, il faut que je sois à ses côtés. Je serai morte, il faut qu'il se souvienne de l'odeur de la menthe.

LA VOISINE [HORN]. Vous, vous combattez la détresse avec de la menthe ?

ESPÉRANCE. Pardonnez-moi, oui, c'est vrai.

LA VOISINE [HORN]. Je ne dois pas lui dire votre maladie ?

ESPÉRANCE. Non, dites-lui que je veux le revoir, c'est tout.

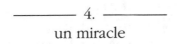

## 4.

### un miracle

*Espérance (Jason) et Acamas dans les coulisses d'un tréteau de foire. Acamas dort. Horn est habillé en bonimenteur.*

HORN. Il dort encore.

ESPÉRANCE [JASON]. Il est épuisé.

LE BONIMENTEUR [HORN]. Il n'est pas assez bien nourri, peut-être ?

ESPÉRANCE [JASON]. Non, l'effort qu'il fait pour parler, puiser au néant quelques paroles, les faire remonter à la surface sans qu'elles meurent en voyant la lumière.

LE BONIMENTEUR [HORN]. Il y a du monde ? Il plaît de moins en moins. Il faudrait qu'il fasse un miracle ou deux. Ressusciter les morts. Marcher sur l'eau. Mettons trois, trois miracles et les affaires reprendraient.

ESPÉRANCE [JASON]. Faites votre boniment.

LE BONIMENTEUR [HORN]. Vous n'êtes pas juste avec moi.

ESPÉRANCE [JASON]. Montreur de monstres, qu'est-ce que vous exhibiez avant lui ?

LE BONIMENTEUR [HORN]. Un militaire qui montrait ses cicatrices, ça marchait mieux que le prophète. Les garçons aimaient bien mettre les doigts dans toutes ces tranchées. Des tortures, des coups de lame, des morsures de rat.

ESPÉRANCE [JASON]. C'est ce qu'il fait, lui aussi.

ACAMAS *(il se réveille)*. Non, Espérance, je montre les plaies du monde et je les embrasse, l'œil clos comme ça.

ESPÉRANCE [JASON]. Il y a du monde.

ACAMAS. Ça y est, c'est presque vide.

ESPÉRANCE [JASON]. Quoi ?

ACAMAS. L'urne qui contient mes cendres.

ESPÉRANCE [JASON]. Quand te pardonneras-tu ?

ACAMAS. Bientôt, ange. Nous voyons le port, ange !

*Le bonimenteur (Horn) entre en scène.*

LE BONIMENTEUR [HORN] *(off)*. Mesdames et messieurs, vous allez dans quelques instants avoir le privilège de voir sur cette petite scène le dernier prophète du siècle. Dans un monde absolument désenchanté, voici le dernier fou de Dieu, le dernier pèlerin !

ESPÉRANCE [JASON]. Tu as parlé cette nuit.

ACAMAS. Qu'est-ce que j'ai dit ?

ESPÉRANCE [JASON]. Dans ton sommeil, tu disais : Le bonheur ! Le bonheur !

ACAMAS. Le bonheur, oui, la seule vraie sagesse.

LE BONIMENTEUR [HORN] *(off)*. Mesdames et messieurs, la monstruosité emblématique de ce fauve de piété n'est pas apparente. Ce n'est ni la femme à barbe, ni l'homme à deux têtes, ni les siamoises contraltos. C'est pourtant un être chimérique qui, depuis près de vingt ans, parcourt le monde et entend dans le murmure d'un bébé mort l'ultime injonction des anges aux infidèles.

ACAMAS. Il faut que j'avance encore. Je n'ai pas encore étranglé mon diable.

ESPÉRANCE [JASON]. Le poisson d'or ?

ACAMAS. Deux désirs encore m'attachent à ce monde.

ESPÉRANCE [JASON]. Le poisson d'or.

ACAMAS. Mais cela, c'est Orion qui m'en préserve.

ESPÉRANCE [JASON]. Et...

LE BONIMENTEUR [HORN] *(off)*. Mesdames et messieurs, n'applaudissez pas ! Mais qu'un silence retenu accueille cet être échappé des gravures dantesques.
Son regard vous changera. Ses paroles vous donneront l'espoir et vous pourrez, moyennant la somme dérisoire de quatorze dinars, le toucher.

ACAMAS. Il ne faut pas dire cela trop fort. Depuis l'enfance, je sais qu'il y a en moi le pouvoir d'être un saint. Peut-être le dernier ! Je sais que je peux accomplir cela, mais pour l'accomplir je dois y renoncer. Tu comprends ?

LE BONIMENTEUR [HORN] *(off)*. Toucher sa crasse sainte. Moyennant trente dinars, il guérit les scrofules et les écrouelles.

ACAMAS. Oui. Et Dieu me ramassera là et m'emportera dans son giron. Je dois être léger, aucune volonté ne doit alourdir mon assomption, il suffit que je dise : "Je veux monter" et c'est la chute.

LE BONIMENTEUR [HORN] *(off)*. Et pour seulement vingt-cinq dinars, il sauve les femmes de la stérilité et les hommes de l'impuissance.

ESPÉRANCE [JASON]. Je suis un obstacle ?

ACAMAS. Il ne peut y avoir aucun obstacle.

ESPÉRANCE [JASON]. Non, je sais qui est Acamas. Je ne te retiendrai pas.

LE BONIMENTEUR [HORN] *(off)*. Et, pour soixante-quinze dinars, il peut vous libérer d'un mauvais sort, décourager le mauvais œil et désigner l'ennemi qui vous persécute.
Mesdames et messieurs, voici l'oracle de Cimérie, le mystérieux Acamas !

*Acamas entre en scène.*

ACAMAS *(off)*. Mes frères, j'ai réuni hier mes dernières forces pour parler à une foule encore plus triste que vous.
Je leur ai dit : "Préparez-vous, car le temps du Jugement est proche." Certains m'ont craché au visage, et encore, sans conviction. La plupart riaient bêtement.
Mais une femme pleurait. Je lui ai dit : "Pourquoi pleures-tu ?" Elle m'a dit : "J'ai perdu la foi." Je lui ai dit : "Cours, enfuis-toi, va chantonner dans la forêt." Alors elle a ri, elle aussi, j'ai su que j'étais seul.
Je vais devant vous faire bien plus qu'interroger l'oracle. Je vais le ressusciter.

*Il sort le bébé du bocal.*

ESPÉRANCE [JASON]. Non. Ne fais pas ça.

*Le bonimenteur tire Acamas en coulisse, il revient sur scène.*

LE BONIMENTEUR [HORN] *(off)*. Mesdames et messieurs, la chaudière mystique a un peu trop chauffé, le prophète doit se retirer, méditez bien la parabole de la femme qui doit aller chantonner dans la forêt. *(A Acamas.)* Vous allez couler ma baraque.
Rideau !

*En coulisse, Acamas est toujours devant l'enfant.*

ACAMAS. O Seigneur ! Seigneur, faites que cet enfant revienne à la vie. Voilà, il vit, tu vois, c'était simple, il suffisait de demander, nous oublions si souvent de demander.

ESPÉRANCE [JASON] *(s'approchant de l'enfant)*. Acamas ! Il ne bouge pas.

ACAMAS. Non ?

*Il s'évanouit.*

LE BONIMENTEUR [HORN]. Vous me devez quinze jours de cantine.

ESPÉRANCE [JASON]. Je n'ai pas l'argent.

LE BONIMENTEUR [HORN]. Allez-vous-en !

Il ne comprend rien au théâtre !

Et payez-moi ma cantine !

*Le pèlerin est entré.*

LE PÈLERIN. Je le rachète.

ESPÉRANCE [JASON]. Il se réveillera, il a parfois des sommeils de plusieurs jours. Il revient du néant avec des armes neuves.

LE PÈLERIN. Vous pensez que c'est le diable qui l'a tenté ?

LE BONIMENTEUR [HORN]. Le diable a d'autres choses à faire.

LE PÈLERIN. Je ne pense pas.
Les anges autant que les diables manquent de clientèle. L'homme se charge lui-même de toute absolution, et pour ce qui est de tomber, il n'a plus besoin de surnaturel. Il trouve dans son expérience terrestre toute sa chute et toute sa rédemption.
Le ciel est une soupe, l'enfer est une usine à gaz. Dieu est un radiateur, le diable, une panne d'électricité.
C'est une métaphysique sans tricherie puisque sans promesse, le désespoir est honnête, la bêtise vaut mieux que la folie.

LE BONIMENTEUR [HORN]. Un diable l'a tenté, oui, c'était tentant de le tenter !

LE PÈLERIN. Maintenant, il n'a plus de force, c'est bien.

ESPÉRANCE [JASON]. Il a dit qu'il voulait désespérer tout rêve de sainteté.

LE PÈLERIN. Merci, Horn, pour votre aide.

LE BONIMENTEUR [HORN]. Je suis votre serviteur.

# 5.

## la tentation du désespoir

*Une salle de conférences. L'éditeur Cobalt installe un micro. Horn est habillé en agrégé cynique.*

L'ÉDITEUR COBALT. Le public entre, nous sommes impatients d'entendre votre conférence.
Il n'est pas si fréquent qu'un grand poète comme vous...

ORION. Vous me caressez, Cobalt ? Vous avez quelque chose à vous reprocher ? Un nouvel enfant de cire à me mettre dans les pattes ?
Oui, je vous pardonne, vous aviez signé de mauvais contrats avec Horn, il vous tenait. C'est si vieux, le pardon me coûte peu. Mais maintenant, qu'est-ce que vous me voulez ?

L'AGRÉGÉ CYNIQUE [HORN]. Il veut votre secret.

ORION. Mais je n'en ai pas.
La vie a poli le galet, à force d'échecs, j'ai trouvé une entente avec ma fatalité. Vous appelez ça un secret, il ne vaut pas grand-chose !
Un chasseur de lucioles devenu stoïcien, il n'y a rien de plus banal, et je donne à qui veut cette image parfaite de l'écrivain sur son île, retiré, indulgent, le sourire comme ça.
A moi-même, je la donne cette image, j'en tapisse ma chapelle ardente, je n'ai plus que ça.
Vous savez ce que je voulais, moi ?

L'AGRÉGÉ CYNIQUE [HORN]. Etre riche.

ORION. Riche, oui.

L'ÉDITEUR COBALT. Je n'y crois pas. Ni l'argent, ni le pouvoir, ni le plaisir. Vous avez cette conscience du monde, si neuve, si libre...

ORION. Et ça m'a coûté cher.
Une solitude de décavé. Je ne vis plus qu'avec des fantômes. Avec l'âge, les fantômes sont plus précieux que les vivants. Votre fils m'a toujours manqué.

L'ÉDITEUR COBALT. Le compagnon n'est jamais venu ?

ORION. Non, il n'est pas venu, celui que j'attendais. Non.

L'ÉDITEUR COBALT. Pourquoi ne pas dire que ce compagnon que vos poèmes réclament, pourquoi ne pas dire que c'est Dieu ?

ORION. Parce que je ne l'ai pas rencontré.

L'ÉDITEUR COBALT. Alors, qui vous soutient ?

ORION. Le deuil est mon compagnon.

L'ÉDITEUR COBALT. Et c'est pour cela que vous traînez avec vous ces rênes…

ORION. Où est-il mon équipage ?
Mon bel équipage et ma belle compagne ?
L'aurige de Delphes ! Oui, le geste est là encore, le regard aussi, mais il est devenu l'aurige de l'absence !
Et le fouet ? Que fouette-t-il ? Rien.

L'ÉDITEUR COBALT. Ne les faisons pas attendre.

ORION. Je rêve ou vous avez copié mon manteau et mes chaussures ?

L'ÉDITEUR COBALT. L'admiration a ses larcins ! Vous êtes un homme exceptionnel…

ORION. Mais on m'enduit de miel avant de me rôtir ?
Vous avez croisé mon médecin, je suis mourant, c'est ça ?

L'ÉDITEUR COBALT. Oui.

ORION. Vous plaisantez ?

L'AGRÉGÉ CYNIQUE [HORN]. Il en est incapable.

ORION. C'est pour ça que vous m'avez demandé cette conférence ? Mon testament ?

*Orion au pupitre.*

L'ÉDITEUR COBALT. Mesdames et messieurs, voici celui que vous attendez tous.

ORION. Cette conférence porte le titre de "L'Eblouissement du deuil". La mort d'Espérance, mon aimée, et d'Acamas, mon frère, nous révélera comment la lumière entre dans un cœur opaque.
La dernière chance de notre civilisation, la dernière chance de croiser Orphée, c'est de le croiser dans son veuvage…
*(La voisine est entrée, elle lui parle à l'oreille.)*
Des imprévus m'obligent à ajourner cette conférence, vous ne perdez rien pour attendre.

Vite ! Vite !

# il a étonnamment changé

*Le pavillon.*
*Sourcevaine accueille Orion, Sourcevaine est mince.*

SOURCEVAINE. J'ai changé, vous me reconnaissez à peine.
Cette graisse, ce n'était pas moi, il suffisait qu'Espérance le murmure.
Mais ne croyez pas que les changements de l'âme ont suivi ceux du
corps. Je suis toujours ce que je suis, lâche et jaloux. Je vous jalouse.
Je vous jalouse encore, et pourtant j'ai passé ces vingt ans près d'elle,
au plus près d'elle et elle au plus près de moi.
Non, elle ne m'a pas réconcilié avec Sourcevaine, non, elle ne m'a
pas donné ce qui vous était réservé, non.
Mais j'aurais pu vous empêcher de la revoir, j'aurais pu. Vous m'avez
bien humilié, j'aurais pu vous humilier à mon tour.

Pardonner ? Je ne sais pas. Mais je suis tellement habitué à votre
présence. Vous ne serez pas pire en chair et en os qu'en pensée. Ah !
un poids de soupirs à chavirer le monde !
Je vous regarde, la distance est ineffable.

Je supporte l'abject Sourcevaine, je suis ma propre croix, je monte sur
le Golgotha de ma bêtise en portant ce poids énorme, cette masse
opaque, cette montagne de désirs inavouables, de compromissions
révoltantes.
Je suis mon univers à moi seul, mon enfer à moi seul, mon diable et
mon Dieu à moi seul.
Et mon rédempteur à moi seul, peut-être, qui sait ?
Il n'y a que moi, infiniment sur les eaux stagnantes de mon domaine,
je ne sortirai jamais de moi et de ma médiocrité.

Croyez-vous que je souffre ? Pas vraiment ! Ah ! si je pouvais souffrir !
Mais non, mon infertilité ne me torture pas, je n'ai aucune imagination, les îles rieuses que vous fréquentez, j'en fais des calendriers
gentils pour ma cuisine.
Je serai toujours soulagé des angoisses métaphysiques par un bon
haricot de mouton.
Ni sauvé, ni perdu, je retournerai à la boue, la boue retourne à la boue
et l'esprit retourne à l'esprit, on se console très bien de ça !
Et je crois que je vous survivrai, tous. Je vous survivrai.

ORION. Les voisins laissent pousser la haie démesurément, vous n'avez
pas eu envie d'un petit procès ?

SOURCEVAINE. Ça me démange parfois.
Et pourquoi pas empoisonner le chien du voisin ? Ce serait un grand soulagement, empoisonner ce chien ! Il a un jappement qui rendrait fou le meilleur des hommes. L'empoisonner, oui, pour le plaisir, pas parce qu'il me réveille la nuit, je suis à moitié sourd.

ORION. Une petite saloperie, pour voir si l'on est encore en vie.

SOURCEVAINE. Oui, piquer la bête avec une épingle. Est-ce qu'elle vit ?
Si vous le faisiez, vous, ce serait un poème, un scandale, une manière de dérision avec le confort, crucifier la notabilité honnie !
Si Acamas le faisait, ce serait une imprécation, un de ces actes de damné implorant, un vase pour recevoir une pluie d'indications angéliques !
Et si moi je le faisais ce serait… juste tuer un chien, juste une saloperie.
Et l'amour pour elle, ce n'était que l'amour pour elle. Incapable de métaphore !
Et c'est pour ça qu'elle l'a voulu, ce gros bonhomme, il était incapable d'aimer le ciel à travers ses hanches fines.
Moi, j'avais vraiment besoin d'elle. Vraiment ! Vous, non. Vous pouviez vivre sans elle.
Alors, quand le soir elle me montre ces vols d'oiseaux et me dit :
"C'est miraculeux", je réponds : "C'est miraculeux et plus miraculeux encore que tu m'aies permis de dire miraculeux !"
Mais en vérité, je pense : "C'est joli."

ORION. Un mensonge pieux.

SOURCEVAINE. Elle vous attend.
Vous savez, le vrai héros de cette histoire, c'est moi. Vous vouliez être roi vous l'avez été un jour, moi vingt ans. Vous vouliez Espérance, vous l'avez aimée une heure, moi vingt ans.
J'ai vécu ce que vous vous étiez promis de vivre. Pourquoi ? Parce que je suis lâche, j'accepte une totalité boiteuse, moi.

─────── 7. ───────

### réveille-toi, Acamas !

*Le tréteau de foire.*
*Jason a abandonné le costume d'Espérance.*
*Le pèlerin est là, Acamas dort.*

JASON. Espérance mourra, cette nuit.
Voilà, ses habits rouges, ses fleurs.
La mer, là-bas, éloquente, qui les réclame.
Le pèlerin est ici, Acamas. Réveille-toi !

LE PÈLERIN. Réveille-toi, Acamas, l'heure où tu m'appartiens est venue.

ACAMAS. Je le crois.

LE PÈLERIN. Cette fois, tu ne nous trahiras pas. Réveille-toi, ce visage de tristesse est un blasphème trop médiocre.

ACAMAS. C'est vrai, mais qu'on me donne la parole !

LE PÈLERIN. Pauvre exalté !
Je te la donne, ma parole. Mais elle pèse un poids démesuré ! Je veux que tu la fasses entrer dans la ville sur un char de pierre, cette parole.

ACAMAS. Vos fils, vous les avez retrouvés ?

LE PÈLERIN. Oui. Nous les avons retrouvés, calmes, éternels ! Sous l'esplanade d'une ville nouvelle. Une grande tombe, une très grande tombe.

ACAMAS. Alors votre voyage est fini ?

LE PÈLERIN. Le tien aussi, Acamas.

ACAMAS. C'est vrai.

LE PÈLERIN. Tu es maintenant sans défense aucune. Même Espérance a repris ses habits de ville. Voilà, tu es seul. Je n'ai plus qu'à te ramasser.

ACAMAS. Je vous appartiens.

LE PÈLERIN. Mais je n'ai pas besoin de toi pour dorer à l'or fin les noms de nos fils disparus, ni pour affûter les roues du char qui supporte la pierre de mémoire, ni pour lancer des pétales de fleurs, ni pour composer des hymnes.
La pierre est lourde, la grande pierre de marbre où nous avons inscrit les treize noms. Il nous faut quelqu'un pour la traîner jusqu'à la place centrale. Une grande allée de vitrines joyeuses. A l'heure où les décorations s'allument, tu avanceras, traînant derrière toi cette pierre, et la ville connaîtra le nom de ses martyrs.

ACAMAS. Vous souriez, votre œil est joyeux !

LE PÈLERIN. J'ai besoin d'un âne.

ACAMAS. Un âne ?

LE PÈLERIN. Et voilà ton costume.

ACAMAS. Il a de beaux yeux. Je vais fleurir ses tempes.

LE PÈLERIN. Il faudra siffloter. Je veux que tu sifflotes, un refrain d'allégresse vraie. Tu porteras cette pierre avec allégresse ou bien tu ne la porteras pas.

ACAMAS. Avec allégresse, oui. Avec toute l'allégresse du Jugement dernier, toute l'allégresse des enfants abandonnés, toute l'allégresse des mères meurtries, toute l'allégresse des innocents au supplice.

LE PÈLERIN. Tout sacrifice est vain sans allégresse.

ACAMAS. Je siffloterai, oui, mais je ne connais pas de chanson.

LE PÈLERIN. Je t'en apprendrai une.

ACAMAS. Merci.

LE PÈLERIN. Ce n'est pas moi qu'il faut remercier.

ACAMAS. La fortune, qui m'a jeté sur un bateau ? La tempête, qui m'a appris à me connaître ? Les intermittences de ma foi ? La plainte sempiternelle ? L'Espérance qui vient quand on ne l'attend plus ? La folie peut-être ?

LE PÈLERIN. Une sorte de folie, oui ils diront cela.

ACAMAS. Ils le diront et c'est vrai. Etre au monde avec un sourire sur les lèvres, quelle folie !

—————— 8. ——————
## dernières paroles d'Espérance

*Le pavillon. Orion entre dans la chambre d'Espérance.*

ESPÉRANCE. Cette fois, c'est toi qui es venu avec un pas léger.
Reste encore à mon seuil. Le temps que je me dise dix fois à voix basse : "Orion est là, dans ma chambre."
Approche maintenant, assieds-toi devant moi, ne dis rien. Tu me trouves changée ?
Tes yeux sont grands.

ORION. Tu es pâle.

ESPÉRANCE. Oui, c'est la peur.

ORION. Tu as peur ?

ESPÉRANCE. J'ai toujours peur quand je te vois.

ORION. Il fait sombre ici, tu ne veux pas que j'allume une lampe ?

ESPÉRANCE. Non. Restons là, comme ça, dans l'ombre.
Quelle heure est-il ? J'attends une pensée, elle vient toujours avec le soir, quand s'allument les feux de la route.

ORION. Oui, ils sont allumés.

ESPÉRANCE. Et si par un soir de mars, pauvre exalté, tu n'avais fait de ma robe un étendard...

ORION. Il n'y aurait pas eu sur le monde ce tintamarre de notre amour !

ESPÉRANCE. Tu crois ?

ORION. Oui, petite poupée pâle.

ESPÉRANCE. Pâle ?

ORION. Non, transparente et vraie.

ESPÉRANCE. Et si tu ne m'avais pas couverte de bijoux de verre et si je n'avais pas dansé pour toi devant la flamme...

ORION. On ne dirait pas aujourd'hui qu'il y a un homme, Orion, et que cet homme a des larmes très belles !

ESPÉRANCE. Et si je ne m'étais pas vouée à Acamas, en riant, un jeu parmi d'autres jeux...

ORION. On ne verrait pas Orion le soir avec ce sourire vague, témoignage irréfutable d'une victoire.

ESPÉRANCE. Une victoire, déjà ?

ORION. Quelques belles passes d'armes, rien n'a découragé la joie d'appartenir au monde.

ESPÉRANCE. Et moi qu'est-ce que j'étais dans cette joie ?

ORION. L'éventail de son feu.

ESPÉRANCE. Depuis quelques jours, je suis visitée par une pensée très belle. Très simple. Une pensée qui est un ange. Tous les hommes croient en la providence. Quand toute piété sera éteinte, les hommes garderont secrète en eux cette foi en la providence. C'est simple, tu vois, tous les malheureux viennent boire à cette source. Les gens subtils qui l'empoisonnent trahissent l'humanité. Si l'on ne croit pas en la providence, on ne croit pas en l'amour.

Ah ! tu te souviens, je me moquais de toi quand tu disais : "J'aime la nuit autant que le jour."

Et la vie t'a éprouvé, non ? Tu m'as perdue et puis tu as perdu tes orgueils les uns après les autres, l'orgueil littéraire en dernier, tu as relu tes livres et tu t'es dit : "Je ne suis pas Shakespeare."

Ah c'est drôle, c'est tellement drôle !

La vérité nous rattrape, nous marchons plus lentement ? Elle nous rattrape, ou bien on la laisse nous rejoindre, son pas ne nous fait plus peur.

On marche dans le noir, et un compagnon sans visage marche derrière nous.

ORION. J'aime la nuit autant que le jour.

ESPÉRANCE. Alors aujourd'hui, le vieil homme s'assoit au bord de mon lit et il dit : "J'aime la nuit autant que le jour."

ORION. J'aime la nuit autant que le jour.

ESPÉRANCE. Aujourd'hui je te crois. Oui. Je te crois.

Moi aussi j'aime cette nuit qui me donne les lumières de la colline pour guide. Regarde par la fenêtre. Une ville sur la colline et ses lumières. Et pour chaque lumière, il y a une lampe et sous chaque lampe, un homme. Ils fument, ils trient, ils aboient, ils bénissent.

Toutes ces lampes !

Et la grande obscurité qui leur maquille le cœur.

La grande opacité qui vient, un huissier, et fouille dans leurs tiroirs, trouver quoi ? Ça n'a de valeur que pour eux, les péchés, les risibles petits péchés qui n'en sont même pas.

La ténèbre enragée qui guette pour faire le tri de ce qui pourra servir encore à d'autres et de ce qui, non, ne mérite pas de continuer ; sans valeur.

Combien de pensées sont dignes d'aller vivre dans une âme neuve ? Oh ! s'il y en a une par vie, c'est amen.

J'ai ramassé beaucoup de choses dans les caniveaux. J'en ai vu des âmes brisées qu'il suffisait de repeindre avec un peu d'espoir, même pas du bel espoir métaphysique, non, n'importe quoi, de la petite espérance pas chère, de contrebande, ça suffit.

Ça suffit.

Et c'est facilement fait, un coup de laque rouge, ça paraît tout neuf un cœur !

ORION. Le repos de l'âme, Espérance.

ESPÉRANCE. Quoi ? Quoi, le repos de l'âme, tu ne vas pas t'y mettre toi aussi avec le repos de l'âme ! L'autre n'arrête pas ! Ça ne se réclame pas comme un verre de calva au bar des amitiés mourantes. Tu réclamais la souffrance, la souffrance belle et brute, pas le repos, tu es vieux ?

ORION. Oui, je suis vieux.

ESPÉRANCE. Réveille-toi !
Le combat sera plus terrible encore, tu es mieux armé qu'autrefois. Tu sais que la parole sauve, aujourd'hui. Tu en as eu la preuve et si souvent.

ORION. Je ne sais pas.

ESPÉRANCE. Le salut, c'est très simple, à l'heure dernière, certains disent : C'est beau, et d'autres : C'est laid. Il a fallu une vie pour trancher. Mais un homme qui meurt en disant : "C'est beau", c'est beau !

ORION. Qui parle de mourir ?

ESPÉRANCE. La flaque frémissante sous les pas de l'homme pressé.

ORION. Que tu es belle !

ESPÉRANCE. Je suis belle quand je parle de la mort ?

ORION. Oh oui ! Tes yeux presque fermés et ta bouche avec un sourire tordu.

ESPÉRANCE *(elle lui donne un flacon de parfum)*. Tiens, tu l'ouvriras un jour, un jour, un jour terrible comme il faut bien en vivre.

ORION. Tu parles, les mots t'épuisent.

ESPÉRANCE. Tu te souviendras, tu ouvriras ce petit flacon. Garde-le toujours dans ta poche, l'heure vient sans qu'on l'appelle.
Ne dis pas trop vite : "C'est le parfum de l'Espérance", ces jeux de mots me lassent. Et puis la vie d'espérance…
Un jour tu l'ouvriras, un jour, tu n'auras plus d'alliés, plus d'autre allié que ce petit flacon d'essence.
L'odeur de l'aimé, ton odeur, je l'ai parfois dans la bouche.
Je revois notre carrosse glissant sur le blanc infini du lac. Ce souvenir me rend folle, je l'idolâtre ! La roue de ce souvenir broie tout chagrin et tout regret. Le vin de toute ma vie est au pressoir de ce beau souvenir. Tu sentais fort ! Ta sueur, quand tu fouettais les chiens, ah !

C'est assez de bénédiction si le ciel est sans étoiles. Ton odeur !
Approche, que je sente encore ton odeur.
Une odeur, c'est un être, puisqu'elle meurt !
Ton odeur, c'est toi tout entier, puisqu'elle témoigne de ta présence
mieux que tu ne saurais le faire.
Quand tu seras parti, qui dira dans cette chambre : "Il était là" ?
Qui le dira mieux que ton odeur ?
Plus que ton visage, plus que ton nom, elle s'ébroue dans l'indicible !
Et l'être se donne toujours ainsi ; en retirant du langage.
Dernière limite du vivant, dernier être, elle est pourtant faite de chair,
mais elle est déjà en voyage, révélant toute l'évaporation de sa source.
Disant mieux que tu ne le diras jamais : "Je meurs !"
C'est bien plus que toi que je respire en respirant ton odeur, c'est ta
mort, ta mort, ton essence.

ORION. Des jeux d'enfants.

ESPÉRANCE. Oui, nous avons joué. Les petits personnages de glaise,
les billes de jade et d'or ! c'était bien.
C'était bien, Orion, c'était bien, oh ! c'était bien !
Les autres, qu'est-ce qu'ils auront compris ? Le diable est un mauvais
compagnon parce qu'il est très sérieux.
Acamas aussi jouait, il jouait un autre jeu, mais il jouait.
Le diable, on lui a lancé des plaisanteries au visage, et il est resté bête.
Des plaisanteries, oui. Le chagrin, le deuil, l'échec, la pitié, la peur.
On s'est bien servi du diable, non ?
Il a suffi d'accepter le monde, de lancer les dés en se moquant du
chiffre, en acceptant tous les chiffres. Nous avons vaincu, nous étions
trois, le diable, qu'est-ce qu'il peut face à trois êtres qui s'aiment ?

ORION. Tu es brûlante !

ESPÉRANCE. C'est la fièvre, la joie, la fièvre !
Je te tiens dans mes bras. Que c'est extraordinaire une vie ! Les enfants,
ce qu'ils tiennent dans leurs mains, ils jouent à le laisser tomber, ils le
reprennent et le lâchent à nouveau. Les enfants !
J'ai entendu le diable, un jour, il disait : "Je suis l'attraction terrestre",
et j'ai repensé au geste de l'enfant.
Il faut jouer, jouer avec le poids du monde !

ORION. Regarde !

ESPÉRANCE. Qu'est-ce que c'est ?

ORION. Les rênes et le fouet !

ESPÉRANCE. Les rênes et le fouet ! Dis, alors nous allons jouer encore, jouer encore ! Notre traîneau, notre cavalcade, allez, en place, hop !

ORION. Hue !

ESPÉRANCE. Hue, hue !

ORION. La course folle de notre carrosse scandalise les bigots ! Les arbres lugubres du lac crissent comme des squelettes, le monde est blanc, notre royaume est la vitesse.

ESPÉRANCE. Plus vite, plus vite !

ORION. Hue, hue !
Le froid siffle joyeusement. Nous entrons dans les étranglements de l'estuaire, la glace devient craquante, mais nous allons trop vite pour sombrer !

ESPÉRANCE. Nous volons presque !

ORION. Les rives du lac sont coupantes. De grandes herses effrayantes !

ESPÉRANCE. On voit des écureuils prisonniers dans le diamant.

ORION. On voit des étoiles vertes aux portes des maisons de bois !

ESPÉRANCE. On voit des araignées filer la glace et manger des violettes !

ORION. On voit le monde dans toute sa cruelle splendeur !

*Une halte.*

ESPÉRANCE. La nuit nous sourit deux fois !

ORION. Tu vois, les berges s'animent, les vapeurs montent, nos essieux brûlent la glace.

ESPÉRANCE. Une première fois, quand on s'étonne du ciel, là, comme si on ne l'avait jamais vu.
Cette pensée, "comme si je ne l'avais jamais vu", fait de nous des êtres accomplis.

ORION. Le ciel, le ciel ! Regarde !

ESPÉRANCE. Les étoiles, sauvagement ! C'est beau !

ORION. Oui, merveille ! Merveille, nous sommes sous le ciel !

ESPÉRANCE. Le vent nous fait cortège !
La nuit nous sourit une deuxième fois quand elle nous donne cette pensée : "Que pourrait-il bien m'arriver ?" Là on est tout entier dans la

main de Dieu, ce sentiment s'envole, c'est le sentiment de la piété absolue : "Que pourrait-il bien m'arriver ?"

ORION. Nous filons sur la glace !

ESPÉRANCE. Nous filons sur la glace !

ORION. Nous avons des ailes de givre !

ESPÉRANCE. Nous avons des ailes de givre !

ORION. Vite, plus vite !

ESPÉRANCE. Vite, plus vite !

ORION. C'est beau, c'est beau, c'est beau !

ESPÉRANCE. C'est beau, c'est beau, c'est beau !

*Orion voit qu'Espérance est morte, il se couche sur le sol et pleure.*

—————— 9. ——————
## réveille-toi Sourcevaine !

*Le pavillon.*
*Sourcevaine est entré dans la chambre.*

SOURCEVAINE. Elle est morte.

ORION. Oui.

SOURCEVAINE. Venez, laissez cette chambre, fermez bien la porte ! Venez au fond du jardin, voilà c'est par ici.

*Il creuse.*

ORION. Qu'est-ce que c'est ?

SOURCEVAINE. Ma première boîte de sardines, la première faite en Cimérie, avec votre poème. Ce magnifique poème.
*(Il lit.)*
    Au bassin, le poisson ne sait pas qu'il tourne dans le ciel
    Mais je le vois, frapper à la porte des nuages,
    Se vautrer dans son destin, c'est se vautrer dans l'azur.
    Ce poisson prisonnier,
    N'importe quoi d'autre, même la pauvre gamelle

Oubliée au cœur de la prairie,
Elle suffit !
Et à son pied, la signature divine.

Grâce à moi, des milliers d'hommes, des pauvres comme on disait autrefois, des pauvres ont lu ces mots, "... et à son pied la signature divine".
Je l'avais cachée là, j'avais peur qu'elle la trouve. Je ne pouvais pas m'en séparer, il ne sert à rien de la cacher, maintenant. Maintenant. Maintenant !
Oh ! Orion aide-moi, je t'en prie ! Il te reste le monde ! Et moi je suis prisonnier de Sourcevaine, l'ignoble, le répugnant Sourcevaine !

ORION. Nous allons la manger ensemble, mon vieil ami. Une sardine chacun et un verre de vin chacun. Nous allumerons une bougie, et nous mangerons en silence, attablés à notre malheur.

SOURCEVAINE. Et Acamas sera avec nous.

ORION. Et Espérance sera avec nous.

——————— 10. ———————
## l'âne s'est mis en marche à la tombée du jour

*La ville nouvelle.*
*On voit Acamas avec son masque d'âne qui tire la pierre dans la grande rue commerçante.*

LE PÈLERIN. L'âne s'est mis en marche à la tombée du jour.

C'est une grande avenue, les arbres n'ont pas eu le courage d'y grandir dignement, ils sont là, des miséreux mal à l'aise dans un hôtel de luxe. Ils mendient leur droit à la lumière, tordant leurs branches douloureuses. Autour de chaque arbre, il y a un grillage, contre les chiens probablement.
Les vitrines se sont illuminées d'un coup. C'est l'heure. Les beaux spectacles s'animent, une grande pieuvre de plaisir étire ses membres visqueux.
Des chiens mécaniques tirent une langue rouge et cruelle. Ce sont les chiens qui gardent l'enfer. Ils ont perdu leurs canines anciennes, leurs yeux ne lancent plus d'étincelles, au cou un collier de pierres précieuses, c'est assez pour attirer, interdire, dévorer.

Des ménagères en robe du soir, asphyxiées par des cheveux mauves. Elles ont des poses de déesses, mais on sent qu'elles se méprisent, elles cachent les plaies de leurs mains avec des gants de satin vert.

La cruauté chantante d'un couple de mannequins habillés comme pour mourir. Derrière leurs perruques, un vent électrique donne une illusion de désordre.

Une voiture bleue qui tourne sur elle-même, des vrais démons élégants montrent leurs derrières en léchant les vitres.

Le malheur n'est nulle part, le malheur est partout.

Chacun aura son heure de gloire, chacun aura les certificats et la médaille, ils auront vécu !

Un jeune homme musclé conseille des médications pour améliorer la vue diurne et nier à tout jamais la douleur du remords.

Les montres sont épaisses, elles appellent des poignets intransigeants, les poignets des hommes qui croient diriger le monde, qui prétendent commander à la fatalité, les montres de ceux qui ont résolu l'énigme et qui s'en flattent.

Les chaussures ont des ailes de papier. Des ailes de séraphin recopiées aux porches des monastères.

Cela est la loi, la loi non dite, tu désireras ce que l'autre désire, la dernière cohue a fait deux morts. Il y a la photographie d'une femme triomphante. Ses mots après la bataille sont inscrits en lumières clignotantes : "Tu passeras par la mort !"

Une femme met du rouge à lèvres avant de se coucher, elle a peur de l'infarctus.

Là c'est un feu artificiel, de la soie mauve et rouge ventilée et des paillettes d'or.

Un ours radieux dit que ses lunettes lui permettent de voir ce qu'il y a chez son voisin et que c'est aussi banal qu'ailleurs. Le bonheur ruisselle avec des dents neuves !

Une vulve mécanique mange des colombes.

Des mains coupées sont agitées par une poulie autour d'un pied de porc pané.

La peur n'est nulle part, la peur est partout.

On propose de vivre une vraie aventure, et de risquer sa vie pour de bon, en descendant les chutes du Niagara dans un tonneau.

L'affiche d'une vieille femme qui prétend que le lait qui sort abondamment de ses seins est parfumé à l'orgeat. Le monde est passionnant.

C'est partout le pressentiment d'une victoire très proche de la cause humaine. A preuve l'intérêt remarquable des scientifiques pour un enfant né sans paupières. C'est peut-être l'enfant de demain !
La mort n'est nulle part, la mort est partout.

"Le sourire du vainqueur", c'est un instrument élastique peu coûteux qu'on peut appliquer sur n'importe quel visage. Pour la démonstration, le visage d'un paralysé célèbre. Son courage est un exemple. Les quatre lettres du mot "paix" sont mises dans le désordre et recomposées par un singe savant en peluche rose.
Vraiment la vie a changé depuis l'invention du matelas pneumatique, les livres doivent, un jour ou l'autre, être tous imperméabilisés, c'est l'avenir.
D'ailleurs l'Evangile est considéré comme strictement symbolique et par l'Eglise même. Les évêques apprécient l'eau gazeuse et les traitements à la cortisone.
Nous sommes une civilisation puisque les œuvres d'art sont reproduites sur nos cravates.
Pour ceux qui craignent trop le retour des religions, il y a une éponge de crin avec laquelle on peut se mettre l'épiderme à vif.
L'effigie des tyrans sert de tire-bouchon. On est débarrassé de la bêtise occulte, on tient le système, que les fantômes ne s'en mêlent pas ! Des spécialistes du décor ont mis en gloire, dans une châsse de papier doré et ficelle d'argent, un dératiseur invincible.
La liberté c'est : je fais ce que je veux de mes cheveux.

L'âne a poursuivi sa route, il a regardé les vitrines, comme un âne, sans juger.

Mais les rues sont vides.
C'est la conspiration du silence.
Il y a aujourd'hui, à l'autre bout de la ville, une compétition de sport d'une importance majeure. Le sport est la parole même exempte de la traîtrise des mots. "Les mots mentent", disent assez souvent les champions d'athlétisme. Une femme qui a battu le record du plus grand tonnage de larmes en pleurant sans s'arrêter durant vingt-sept jours a prouvé elle aussi, par son exploit, que les mots ne sont pas l'avenir de l'homme.

Les rues sont vides. Et l'esprit pleure sous la cendre.

L'âne ne juge pas, il ne songe même pas à juger, il avance, il est joyeux, parfois sa tête trop lourde penche un peu, une sueur écumeuse, froide. Juger, non. Avec quoi, avec quelle balance, avec quelle balance peser le vide ?

Un ouvrier qui était là pour réparer une alarme le voit mais pense à une animation pour les produits revitalisants qui ont comme emblème un âne.

L'âne sifflote. Il n'a pas cessé de siffloter. Il ne faut pas se méprendre sur sa chanson, elle est exécutée de gaieté profonde et pure. Ses bourreaux diront : "Provocation inutile" mais c'est faux. L'allégresse de l'âne est véritable. La pierre est plus lourde encore qu'il ne l'avait imaginé. La corde a marqué son épaule, il saigne. Chaque pas est une victoire.

Il tombe, il se relève, il a besoin de reprendre son souffle. Il monte sur la pierre et danse.
Deux enfants sont avec lui. Ils sont bien habillés, avec des manteaux rouges. Ils ont des boucles d'oreilles. L'un des enfants lui jette une pierre, l'autre rit. La pierre frappe l'âne et casse une oreille de son masque. Mais l'âne marche à nouveau, il est à l'entrée de l'esplanade, les lumières l'aveuglent, il voit deux silhouettes droites qui l'attendent.

C'est Horn et le commandant. Le commandant a un revolver, très discret, un nouveau modèle, léger et discret. L'âne est au centre de la place. La pierre est là. Elle est au centre de la place.
Au centre de la ville.
Au centre de la ville que l'âne a traversée sans rencontrer un regard, sans entendre un mot, sans perdre son allégresse, sans que le miel de son cœur soit corrompu d'amertume.

LE PROMOTEUR [HORN]. Quel beau travail !

LE COMMANDANT. Nous n'espérons pas de résistance de votre part. Les ânes sont d'ordinaire dociles.

LE PROMOTEUR [HORN]. Quel dommage ! Les citoyens sont affairés, ils prennent leur plaisir très à cœur. Le divertissement du travailleur en fin de semaine, c'est sacré.

LE COMMANDANT. Vous ne pouvez pas exiger qu'ils assistent tous les ânes de toutes les kermesses ! Cet idéalisme est tyrannique ! Je comprends que vous soyez déçu, l'événement ne sera pas à la mesure de votre attente.

LE PROMOTEUR [HORN]. Ne soyez pas odieux. Ce mot événement n'est pas de son vocabulaire.
Il saigne, il est en sueur, il faudrait le laver.

LE COMMANDANT. Nous le laverons, oui. Il y a un excellent savon dans les sous-sols du commissariat.

LE PROMOTEUR [HORN]. Ce goût du sacrifice, ça fait vieille littérature, non ? Poussiéreux ? Non ? Ridicule, quoi !
Malhonnête même, tous ces gens simples qui essayent de se tenir la tête hors de l'eau, et lui, plutôt gâté par la fortune, il se jette dans la catastrophe... quoi, pour le plaisir.
Donner un sens à sa vie avec le malheur des autres, ça n'est pas bien beau.

LE COMMANDANT. La pierre est vraiment de belle qualité.

LE PROMOTEUR [HORN]. Ils se sont saignés aux quatre veines.

LE COMMANDANT. Elle sera le bijou de cette esplanade.

LE PROMOTEUR [HORN]. Je suis déçu par son ordonnance, trop régulière, trop froide, cette esplanade, j'attendais plus de notre architecte.

LE COMMANDANT. Mais avec cette pierre tout prendra sens.

LE PROMOTEUR [HORN]. Oui.

LE COMMANDANT. Nous la retournerons et nous graverons dessus...

LE PROMOTEUR [HORN]. A notre donateur bien-aimé... monsieur Horn.

LE COMMANDANT. Trompette en anglais.

LE PROMOTEUR [HORN]. Impératif d'orner en français. Voilà Epitaphe.

ÉPITAPHE. Voici les lettres choisies.

LE PROMOTEUR [HORN]. J'aime celles-ci, pas trop d'arabesques, sobres, impériales.

ÉPITAPHE. L'or doit-il être cuivré ou grisé ?

LE PROMOTEUR [HORN]. Je ne sais pas, j'hésite.

LE COMMANDANT. Demandez à l'âne.

LE PROMOTEUR [HORN]. Il fredonne encore, choisissez, cuivre ou grisaille ?

ACAMAS. Cuivre, pour une trompette.

LE PROMOTEUR [HORN]. Emmenez-le !
*(Il voit Jason.)*
Il y a là un jeune homme qui m'intéresse.
*(A Jason.)* Allez chercher Orion, dites-lui que je tiens son frère, nous verrons si son orgueil accepte de jouer les animaux domestiques.

---

## 11.

## la conférence encore ajournée

*La salle de conférences.*

L'ÉDITEUR COBALT. Cette fois nous l'entendrons, votre conférence ! L'idée est magnifique ; le désespoir serait la dernière chapelle d'un peuple de conjurés… c'est très exaltant.

L'AGRÉGÉ CYNIQUE [HORN]. Se complaire dans le regret, mâcher infiniment la cendre, brosser les cyprès du cimetière… c'est une partition qui mérite d'être jouée.

ORION. Vous ne comprenez pas.
Nous sommes dans un temps où presque sans le voir, un homme cesse d'être un homme. Comment il parle, ça se découd par là. Et un matin dans la glace, bonjour le porc.
Je dis qu'un deuil peut nous préserver de la chute.

L'ÉDITEUR COBALT. Mesdames et messieurs, voici celui que vous attendez tous.

ORION. Cette conférence porte le titre de "L'Eblouissement du deuil". La mort d'Espérance mon aimée et d'Acamas mon frère nous dira comment la lumière entre dans un cœur opaque. La dernière chance de notre civilisation, la dernière chance de croiser Orphée, c'est de le croiser par son veuvage…
*(Jason est entré, il parle à l'oreille d'Orion.)*
Je vais devoir pour la deuxième fois ajourner cette conférence, croyez que c'est un motif urgent qui… Vite vite ! Où est-il ?

---

## 12.

## jour de gloire

*Les sous-sols du commissariat.*
*Acamas est attaché les mains dans le dos, entre Orion.*

ACAMAS. Tout s'éclaire, non ?

ORION. Je suis venu.

---

ACAMAS. Oui, tu es venu, mais tu ne donneras pas le poisson. Sauver ma vie en le donnant, sauver mon âme en le refusant, voilà où notre père voulait nous mener.

Il faut que tu confesses la préséance de l'invisible sur le monde. Plie le genou. Le poisson d'or te coûte plus cher que jamais. Il te coûte Acamas. Ton rôle est difficile. Etre au monde, c'est très difficile, être au monde en n'y étant pas, c'est très difficile. Moi j'étais retiré dans les marges du livre, oui, une fois pour toutes, depuis ma chute, je me suis donné très simplement. J'ai couru vers la vie, on court vers celui qu'on aime, c'est simple. On le retrouve, on court, tu as couru vers moi, toi aussi. Moi, je n'étais pas au monde, un royaume céleste, je faisais des signes du haut de mon nuage. Mais toi.

Je vais te dire une belle chose, mon Orion. C'est égal. Ton histoire et la mienne, égales. L'un était le contrepoids de l'autre. Je voulais te ressembler, tu voulais me ressembler, ça nous protégeait. Pleurer comme si on ne pleurait pas. Se réjouir comme si on ne se réjouissait pas. User du monde comme n'en usant pas. C'est possible. Ton détachement à toi, mystérieux, c'était au cœur du monde que tu le trouvais, et le poisson d'or souriait !

ORION. Espérance est morte.

ACAMAS. Elle a parlé en mourant ?

ORION. Elle a dit : "C'est beau."

ACAMAS. Moi aussi, je me dirais : "C'est beau." Commandant, affûtez votre couteau, Horn ne triomphe pas. Vous ne triomphez pas, cher camarade ! Vous nous avez donné ce que l'homme rêve d'avoir. Des péripéties.

HORN. C'est vrai, sans moi, il n'y aurait pas d'histoire. Il faut quelqu'un pour actionner la manivelle.

ACAMAS. Mes chers amis, il se fait tard, le commandant a ce soir un dîner d'affaires, on songe à lui pour les palmes académiques.

LE COMMANDANT. J'avoue, je suis assez pressé.

ACAMAS. Comment s'appelle votre parfum ?

LE COMMANDANT. *Jour de Gloire.*

ACAMAS. Pouvez-vous m'en parfumer ?

LE COMMANDANT. Il m'en reste très peu, et je dois ce soir séduire la femme d'un banquier autrichien.
Mais c'est votre dernière volonté ?

ACAMAS. Oui.

LE COMMANDANT. Le garçon qui était avec vous me rappelle un amour de jeunesse. Il s'appelait Jason.

ACAMAS. C'est lui.

LE COMMANDANT. Oh, il avait une façon de gémir quand on le prenait ! Ça me rendait furieux, on ne se refait pas.

ORION. Tu es tout ce qu'il me reste.

ACAMAS. Les pèlerins ?

LE COMMANDANT. Nous les avons reconduits à la frontière.

HORN. La frontière de la vie.
Le commandant accepte d'oublier ses devoirs vis-à-vis de l'ordre. Les choses se dérouleront ainsi. Orion me remettra le poisson d'or dans la main droite, pendant ce temps le commandant détache Acamas qui me tend la main droite à son tour, le poisson incandescent est posé dans sa paume, l'aile du mal couvre alors le peuple des rachetés, et nous pouvons voguer vers de plus belles aventures.

ACAMAS. Ne le donne pas, Orion. Ne le donne pas.

ORION. C'est toi qui l'as réclamé.

ACAMAS. Ne le donne pas !

ORION. Cette fidélité est trop lourde à porter, je ne veux pas te perdre, Acamas. J'ai peur de vivre, sans cette jalousie familière.

HORN. Jalousie ?

ORION. Je voudrais une âme comme la tienne.

LE COMMANDANT. Je ne comprends pas, l'âne ; pourquoi ne veut-il plus le poisson d'or ?

HORN. Mais il le veut !

ACAMAS. Et il ne le veut pas.

LE COMMANDANT. Je ne comprends pas l'âne.

HORN. Un seul geste en apparence et bien pauvre. Il prend le porte-clefs, il le pose dans ma main. Un seul geste et deux âmes perdues. A moins qu'Orion ne souffre de voir devant lui son frère étouffer dans un sac.

ORION. Il n'y a plus que lui que j'aime, si j'ai jamais aimé quelqu'un d'autre.
*(Il fouille dans sa poche pour prendre le poisson, il ne le trouve pas.)*
Je croyais qu'il était dans cette poche !
Celle-là non plus, il a dû filer dans la doublure...

*Orion cherche toujours.*
*Le commandant met la tête d'Acamas dans un sac plastique, Acamas étouffe, Orion cherche toujours.*

LE COMMANDANT. C'est une mort très douce, il s'endort, il souffle son propre poison.

HORN. Vite, Orion.

ORION. Non, non, non.
Impossible. Je ne comprends pas, je l'ai toujours là. L'éditeur a confondu mon manteau et le sien. Je retourne le chercher. Acamas !

*Acamas est mort.*

HORN. Trop tard !

ORION. J'ai tué Acamas ! J'ai tué Acamas !

*Il se jette sur son frère et l'embrasse.*

HORN. Le baiser de la mort à la vie !

LE COMMANDANT. Pauvre Horn, tu as perdu ton commanditaire, le jeu est fini ?

HORN. Je n'ai pas dit mon dernier mot. Le jeu continue.

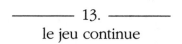

## — 13. —
### le jeu continue

ORION. Le jeu continue ?
Oui ? Vraiment ! Le jeu continue.
On voit Orion qui traverse la rue. Il trouve un bistrot éclairé par des néons bleus. Il demande du vin. Il boit, debout, on le regarde.
Un homme accoudé près de lui le regarde, mais la douleur d'Orion n'est pas encore là.

Quoi l'empêche de tomber ? Un orgueil dérisoire ?

L'homme près de lui dit : "Tu souffres ? Tu souffres, comme moi."

Là.

Ces mots. "Comme moi."

Il est tenté de dire : Non, non, ce n'est pas comparable, mais il sait qu'il ne peut plus échapper.

Il est un misérable parmi les misérables. "Comme moi." Ces mots. Là. Il est à terre. Horn ne l'atteindra plus. Il peut ralentir le pas. Il peut baisser la garde, Horn ne peut plus rien lui enlever. Il n'est plus au monde.

Le sol de ce bistrot, la sciure, les mégots, les crachats, ce n'est pas le monde, c'est le royaume de Dieu.

──────── 14. ────────

## alors, cette conférence !

*La salle de conférences.*

L'AGRÉGÉ CYNIQUE [HORN]. Alors, cette conférence ?

L'ÉDITEUR COBALT. Cette fois vous ne pouvez pas échapper.

L'AGRÉGÉ CYNIQUE [HORN]. Vous dormiez ? On vous attend.

L'ÉDITEUR COBALT. Le pupitre brûle, l'auditoire a les oreilles nettoyées, un chroniqueur veut l'utiliser pour son éditorial. C'est une revue religieuse, ça ne vous gêne pas ?

ORION. J'ai dormi ?

L'AGRÉGÉ CYNIQUE [HORN]. Oui, vous êtes entré, vous vous êtes effondré. Vous voulez un verre d'eau ?

ORION. Oui. Merci.

L'ÉDITEUR COBALT. Le public s'impatiente.

ORION. Mes certitudes…

L'AGRÉGÉ CYNIQUE [HORN]. Quoi, vos certitudes ?

ORION. Le lyrisme, sans le lyrisme…

L'AGRÉGÉ CYNIQUE [HORN]. Le plus dur est de s'y mettre.

L'ÉDITEUR COBALT. Votre modestie, c'est sa modestie.

ORION. Mon manteau !

L'ÉDITEUR COBALT. Oui, je me suis trompé, amusant, l'envie de votre présence.

ORION. Le poisson d'or ?

L'ÉDITEUR COBALT. Il est là.
Aidez-le à se relever.

ORION. L'imposture…

L'AGRÉGÉ CYNIQUE [HORN]. L'imposture, laissez ce mot aux autres.
Qui parle de vous juger ? On veut vous entendre.

*Orion se traîne au pupitre…*

ORION. Mesdames et messieurs…
Cette conférence porte le titre "De l'éblouissement du deuil". La mort d'Espérance, mon aimée, et d'Acamas, mon frère, nous aidera à voir comment la lumière entre dans un cœur opaque… Je mentais.
Je mentais.
*(Il déchire les feuilles.)*
Ils n'étaient pas morts, c'était une figure de style. Maintenant, maintenant… maintenant. Nous sommes de pauvres êtres misérables. Il n'y a pas de gloire à souffrir.
Le désespoir, j'allais dire qu'il est la dernière chapelle des hommes purs. Mais je voudrais enlever les pierres qui sont attachées à mon cou.
La nuit ! Ah ! ce n'est rien, la nuit ! On peut en faire des poèmes, mais la nuit de la nuit.

*Il s'éloigne, la salle se vide.*

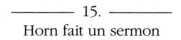
## 15.
## Horn fait un sermon

*Devant la scène.*

HORN. Notre époque est la plus féroce de toutes.
Vous en doutez ? Vous en doutez ?

Oh, laissez-moi vous le dire, laissez-moi remuer le couteau dans la plaie de votre génération, quelques phrases, trois sentences et finis les "féroce vraiment, vous croyez ? Chaque siècle a ses fléaux".

Nous convenons que plus personne ne croit à la rédemption de la couverture chauffante ni à la guérison miraculeuse par communication électrique, ni au salut de la crème épilatoire sans douleur.
Nous avouons que les temps sont au moins très sévères. Mais plus que de mesure, non ?
Non ? Si.

Il était une fois une tribu qui avait décidé de supprimer définitivement toute idée de péché. Jusque-là rien de diabolique ; la pensée du péché, c'est vieux, c'est aliénant, c'est artificiel. Commence la battue à l'oiseau noir. Et la battue échoue. Les forces s'épuisent, la bête est là, toujours là. On ne se débarrasse pas si facilement de l'idée du péché. Alors, c'est ce qui est féroce, on décide de l'ignorer, on ignore le corbeau qui vous picore la cervelle, on le dissimule sous toutes sortes de charmants chapeaux culturels et on rit. On rit ! On fait du sport et l'on rit !
On rit de ces vieilles lanternes, chute et peccabilité, serpents, pommes, et Jugement dernier. On rit !
Mais l'oiseau qu'on a tué, c'est l'autre. L'idée de la grâce. Cette colombe-là, on l'a foudroyée en vol.
Un peuple de rachetés ? Une promesse de salut ? On rit encore plus fort ! On paye des comiques qui viennent nous raconter qu'on n'est pas des héros ni des saints, tous des minables, mais c'est pas grave, il suffit de rigoler, de ri-ri go-go ler-ler en voyant l'humanité se vautrer dans le non-sens, et on finit de s'étrangler de rire en faisant du vélo d'appartement !
Il ne reste plus que la hantise de l'être sans la promesse du salut. L'idée du péché sans l'idée de la grâce ; ça a un nom : l'enfer.

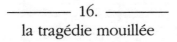

## 16.
## la tragédie mouillée

*La scène vide.*

ORION. Qui pleure ?

LA TRAGÉDIENNE. La lettre en souffrance, la braise sous la cendre, la parole dite trop tard.

ORION. Je connais cette voix. C'est vous la cacochyme Iphigénie !

LA TRAGÉDIENNE. Hélas ! Je pleure, oui, et je m'apprête à rejoindre dans la mort mon unique amour. De la cendre sur ma tête !

ORION. Qui ?

LA TRAGÉDIENNE. Le poète, le poète est mort. Ah, douleur ! O larmes !

ORION. Ce n'est pas de cette manière que l'on pleure les poètes.

LA TRAGÉDIENNE. Non ?

ORION. Vous êtes tragédienne, il faut exulter !
La tragédie, c'est ce sens qui arrive par la mort, c'est le sens qui ne peut venir que de la mort.

LA TRAGÉDIENNE. Que faut-il faire ?

ORION. Racontez la mort du poète en dansant !
Puis dites : "Une vague est morte sur la grève, l'éternel ressac hurle toujours."

LA TRAGÉDIENNE. Vous ne comprenez pas.
Hier, j'ai acheté un gigot d'agneau, il me manquait trois sous, j'ai dit au boucher : "Je vous paierai demain." Je lui ai dit : "Je vous donne ma parole."

ORION. Cela ne lui a pas suffi ?

LA TRAGÉDIENNE. Il m'a dit : "Une parole, ça ne vaut rien." J'ai dit : "Ma vie entière est une vie de paroles. Quand je donne ma parole, je donne tout ce que j'ai." Il m'a dit : "Des mots." Des mots ? Sommes-nous autre chose que des mots ? Honorer des mots, voilà de quoi est faite notre vie. "Les mots font la guerre", qu'il me dit.
J'ai su alors qu'enfermée dans mes rideaux, je n'ai pas vu l'outrage aux mots que tant d'hommes dans ce siècle avaient promulgué.
Au point que les gens simples n'osent plus s'agenouiller devant certains. Miséricorde, poème, charité, démocratie... Tout cela fait rire. Les jeunes gens n'osent plus toucher ces mots anciens ; ils sont dans un musée du verbe. Dans une cage de verre. Le cartel dit : "Mot désuet, qui ne s'emploie plus qu'avec des guillemets." Ah, ces guillemets ! Ces guillemets privent la jeunesse de toute dignité.
Comment s'appelle cet âge où l'on a profané les mots ?

ORION. Cela s'appelle le XX$^e$ siècle.

LA TRAGÉDIENNE. Ces ponts, ces tonnerres, ces gratte-ciel... toute cette force n'a servi qu'à retirer la parole à la parole. Et moi je veux dire...

aidez-moi à tenir mon bras levé… je vais dire une grande parole…
aidez-moi, voilà ! Imprécateur !
Je dis : "Il y a de la parole dans la parole."

ORION. Elle dit la vérité, mais on ne la croit pas.

LA TRAGÉDIENNE. Je suis seule, le poète est mort.

ORION. Racontez la mort du poète.

LA TRAGÉDIENNE. Il avait une barque, il l'avait surnommée *Grande Joie*. Joli, pour une barque. Il vivait sur une île, seul comme il se doit. Dans son jardin, deux tombes imaginaires, celle de sa muse et celle de son frère. Les deux devoirs du poète. Sur la tombe de l'aimée, il mettait de la bruyère, sur celle du frère disparu, des fleurs d'ajonc.
Donc, il prend la barque et il rame vers le large. Et il s'endort, il s'endort bercé.

ORION. Et ?

LA TRAGÉDIENNE. Et l'on ne sait pas, il n'est jamais revenu, ce n'est pas si loin l'horizon.
Voilà, je pleure.

ORION. La tragédie ne doit pas pleurer, une tragédie mouillée, c'est très bourgeois.

LA TRAGÉDIENNE. Oui ?

ORION. Dansez !

LA TRAGÉDIENNE. Pathétique !

ORION. Qu'est-ce qu'on dansait du temps de votre jeunesse ?

LA TRAGÉDIENNE. Le charleston.

ORION. Mais couronnez d'abord un autre poète. Et puis dansez. Dansez jusqu'à ce que mort s'ensuive.

LA TRAGÉDIENNE. Le charleston, c'est facile, un pied fait la petite aiguille, l'autre la grande. Viens, dansons !

ORION. Vous honorez le poète disparu.

LA TRAGÉDIENNE. Hier nous sommes allés au bassin de son jardin qui était la source de son inspiration. Le poisson est toujours là, il tourne encore. Lui est mort, mais le poisson tourne encore.

ORION. Un bassin ? Un poisson ?
Qui est ce poète ?

LA TRAGÉDIENNE. Orion.

ORION. Orion, Orion est mort ?
Je me souviens des mots d'Acamas.
Pleurer comme si on ne pleurait pas, se réjouir comme ne se réjouissant pas, usant du monde comme n'en usant pas.
C'était ma règle à moi. Tout vivre, oui, mais comme ne le vivant pas, Sourcevaine a tort, il n'a rien connu.
Il triomphait sans connaître le Triomphe, il aimait sans connaître l'Amour, il souffrait sans rien connaître de la Souffrance.
A l'inverse, il est possible que le pauvre Orion n'ait jamais connu que l'essence des choses !
J'ai trop aimé la poésie pour m'abaisser à la besogne du poète. J'ai trop aimé l'amour pour aimer celle que j'aimais, j'ai trop aimé l'intelligence pour m'abaisser à raisonner, j'ai trop aimé la musique pour apprendre à en jouer, j'ai trop aimé le Bien pour être un homme charitable, et j'ai trop aimé le péché pour être un immoraliste. Je ne me serai finalement roulé que dans les mots.
Ma mort non plus je ne l'ai pas vécue, c'est cela ?

*Entre Acamas.*

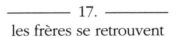

## —— 17. ——
### les frères se retrouvent

ACAMAS. Oui, Orion, tout ce que tu as fait, tu l'as fait comme ne le faisant pas. En laissant une part de toi-même hors de toi-même.

ORION. Acamas, nous sommes au royaume des morts ?

ACAMAS. Que tu es grandiloquent ! Le royaume des morts et celui des vivants... il n'y a qu'un royaume, c'est le royaume de Dieu.

ORION. Que faisons-nous ici ? Les décors de notre histoire sont remisés, le plancher a noirci. Nous ne sommes pas au royaume des cieux. Tout ce qui a fait notre histoire est là, des accessoires de théâtre. Plus personne n'en veut. Regarde ! Le lustre de tes prophéties, une chaussure rouge, le masque de l'âne, ma couronne...

ACAMAS. Il te reste une épreuve.

ORION. Ce n'est pas fini, le poisson toujours ! Pardon, je ris !

ACAMAS. C'est à cause de ce poisson que tu as tout franchi en chantonnant.

ORION. J'aurais voulu le perdre souvent.

ACAMAS. Sais-tu ce que nous étions ? Trois vertus, l'Espérance, la Charité et la Foi.

ORION. Moi, moi, je suis la foi ?

ACAMAS. Oui.

ORION. C'est toi qui étais proche de Dieu.

ACAMAS. Qui en juge ?

ORION. Moi.

ACAMAS. Tu aimais la nuit autant que le jour. Et tu n'as pas donné le poisson d'or…

<br>

## ———— 18. ————
## la dernière épreuve

*Entre Horn.*

ACAMAS. Voilà Horn.

ORION. Je n'ai pas peur.

ACAMAS. Tu ne désires pas retourner là-bas ?

ORION. J'en ai assez vu.

ACAMAS. Ce n'est pas cela l'épreuve.

ORION. Et toi pourquoi n'es-tu pas au royaume des cieux ?

ACAMAS. Mais je désire toujours le poisson d'or. Si tu parviens à me le refuser encore, je serai libre.

HORN. Mes chers amis.

ORION. Merci Horn, de m'avoir tout donné et tout pris.

HORN. Je fais mon travail. Il reste une épreuve. Oui.
Epitaphe, qu'est-ce que la mort ?

ÉPITAPHE. La mort, dans les meilleures représentations, est un déluge de sens. C'est là qu'enfin l'âme persévérante goûte à son fruit. A l'instant de la mort, toute révélation est consommée. Le diable cesse de voiler le sens profond de nos tribulations, la légende sous l'image est lisible.

HORN. Et pour Orion pareillement.

ÉPITAPHE *(elle montre une enveloppe)*. Oui. Dans cette enveloppe, il y a le sens de ta vie. C'est là, pour toi, écrit depuis toujours, dans cette enveloppe.

ORION. Je suis comme un enfant !

HORN. Le sens !

ORION. Oh non, non je l'ai emporté avec moi, ce poisson ! Ah, je te hais !
*(Il jette le poisson et le piétine.)*
Je te hais ! A cause de toi, il m'a poursuivi plus âprement que tout homme ! A cause de toi ! J'ai été privé de tout ! C'est cela la foi ! Oh non, maudite soit la vie des fidèles !

ACAMAS. Quand accepteras-tu d'être un homme, rien qu'un homme ? Un homme, c'est être dans les bras d'une femme et dire : "Je voudrais être dans les bras d'une femme."

HORN. L'enveloppe contre le poisson, c'est honnête.

ORION. La foi, la foi est forte parce qu'elle est absurde !

ACAMAS. J'aime parce que c'est absurde ! Il manque la cause, c'est là, la miséricorde.

ORION. Je veux savoir ! Oh vivre ainsi sans réponses !

*Entre Espérance.*

ESPÉRANCE. Tu as dans ton autre poche un flacon !

ORION. Oui, c'est vrai, le flacon d'Espérance. Elle avait dit : A l'heure la plus noire…
*(Il débouche le flacon.)*
Il vient du monde défunt, un arôme… La menthe du jardin de notre enfance. Tout revient. Notre père, ses blessures, le bassin qui reflétait le ciel, la mer au loin…

ACAMAS. Mais tu n'as jamais demandé pourquoi l'odeur de la menthe ?

ORION. Elle n'a besoin d'aucune justification.

ACAMAS. Ainsi de ta vie.

ORION. Tu as perdu, Horn.

HORN. Je n'ai pas dit mon dernier mot.

*Il sort.*

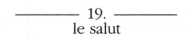

## 19.
## le salut

ORION. Comment imagines-tu le Jugement dernier ?

ACAMAS. Assez simplement.
Reviennent toutes les figures qui ont fait notre histoire. Inchangées
dans le costume de leurs meilleurs jours.
La lumière se rallume.
On est entouré de tous. C'est le salut.
Il y a devant nous une foule muette.
Les derniers mots sont dits.
Et puis la mort applaudit, alors toutes les âmes qui nous contemplent
applaudissent à leur tour.

ORION. Dis-moi mon frère, es-tu l'homme parfait que tu m'avais promis
d'être ?

ACAMAS. J'en suis loin, mais dis seulement une parole…

**La mort applaudit.**

*Ouessant, janvier 2000*

# Table

Du même auteur

Chez Actes Sud - Papiers

*La Servante. Histoire sans fin*, 1995.
*Le Visage d'Orphée*, 1997.
*Epître aux jeunes acteurs pour que soit rendue la Parole à la parole*,
(collection Apprendre, n° 13), mai 2000.
*L'Exaltation du labyrinthe*, novembre 2000.

Aux Solitaires Intempestifs

*La Nuit au cirque*, 1992.
*Les Aventures de Paco Goliard*, 1992.
*Théâtres*, 1998.

A L'Ecole des loisirs

*La Jeune Fille, le Diable et le Moulin*, 1995.
*L'Eau de la vie*, 1999.

Ouvrage réalisé par l'Atelier graphique Actes Sud. Achevé d'imprimer en juin 2000 par l'Imprimerie Darantiere, à Quetigny-Dijon sur papier des Papeteries de Jeand'heurs pour le compte des éditions ACTES SUD Le Méjan Place Nina-Berberova 13200 Arles. Dépôt légal 1re édition : juin 2000. N° d'éditeur : 3815